LA TUMBA SIN SOSIEGO

BELKIS CUZA MALÉ

LA TUMBA SIN SOSIEGO

*Para Diana Alvarez,
este libro, muy mío, lleno
de secretos y misterios, como
la vida misma.
Un beso,
Belkis Cuza Malé
Miami Lakes
Agosto 7/94*

E.Press

Diagramación y emplanaje
Teresa Dorta

© 1994 Belkis Cuza Malé

Library of Congress Catalog Card Number
94-071938

ISBN N°: 0-913827-09-6

Ninguna parte de esta publicación, incluido el diseno de la cubierta, puede ser reproducida, almacenada o transmitida en manera alguna ni por ningún medio, ya sea eléctrico, químico, mecánico, óptico, de grabación o de fotocopia, sin permiso previo de la autora.

A Elvis y a Jon Burrows, porque "Dios hace a veces toda clase de milagros".

"Si tocare solamente su manto, seré salva.
Pero Jesús, volviéndose y mirándola, dijo:
'Ten ánimo, hija; tu fe te ha salvado. Y la
la mujer fue salva desde aquella hora'."

San Mateo 9:18

The Unquiet Grave

'The wind doth blow today, my love,
  And a few small drops of rain;
  I never had but one truelove
  In cold grave he was lain.

I'll do as much for my truelove
  As any young girl may;
  I'll sit and mourn all at his grave
  For a twelvemonth, and a day.'

The twelvemonth and a day being up,
  The dead began to speak,
  Oh who sits weeping on my grape,
  And will not let me sleep?'

Tis I, my love, sits on your grave
  And will not let you sleep,
  For I crave one kiss of your clay-cold
  And thats is all I seek.'

You crave one kiss of my day-cold lips
  But my breath smells earthy strong;
  If you have one kiss of my clay-cold lips
  Your time will not be long:

Tis down in yonder garden green,
  Love, where we used to walk,
  The finest flower that ere was seen
  Is whitered to a stalk.

The stalk is whitered dry, my love,
  So will our hearts decay;
  So make yourself content, my love,
  Till God calls you away.'

Anónimo

RECONOCIMIENTOS

Gracias de corazón a un grupo de amorosos amigos que con su constante interés en mi búsqueda de Elvis, me apoyaron y me mantuvieron informada. Porque honrar honra, quiero expresar mi gratitud a todos ustedes. En primer término, a Jon Burrows, por creer en mi honestidad. A Carmen María Rodríguez, por su voz y su extraordinaria labor, que hicieron posible la traducción oral de este texto al inglés; a Rosa Ruiz, por su paciencia y su apoyo constantes a lo largo de la escritura de este libro; a Hedy Habra, por nuestra amistad surgida al calor de "la puerta rosada" de Kalamazoo; a Norma Flores, porque sin ella saberlo, le dio realidad a mi búsqueda; a José Sendra, de Long Beach, por sus cartas, los libros sobre Elvis, los *videos*, por todo; al doctor J.M. Palacios y a su esposa Cuqui, por su hospitalidad y la tarde en Memphis; a Carlos Verdecia, por apoyar mi viaje a Memphis; a George Klein, Marion Cocke, Kang Rhee y Nancy Rooks por el tiempo que me dedicaron; a Roberto Valero por pensar en mí y en Elvis; a Carolina Hospital, porque se sumó a mi interés; a Ileana Fuentes, por el libro, las canciones de Navidad de Elvis y su aliento de mujer cubana; a Armando Fragoso, de Union City, porque sin su amistad no tendría una idea cabal de lo que es un cristiano; a Teresa Dorta, por su generoso apoyo; a David Miller, por su entusiasmo y su trabajo abnegado de traducción. A Paul Sierra, de Chicago, por la hospitalidad; al doctor Otto Meruelos, Guillermo Arango, Jorge Dávila, Manuel Figueroa, William Delgado y Daniel González Domenech por su apoyo con datos, libros o recortes de periódicos. Y, por supuesto, a Bárbara, la asistente de Jon Burrows: sin ella, este libro no sería lo que es.

A Ernesto, mi hijo, por acompañarme en mis viajes y ser testigo.

VIAJE A MEMPHIS

"Deep is your longing for the land of your memories and the dwelling place of your greater desires..."

"The Prophet", Kahlil Gibran

En agosto esperaba que ocurriese el milagro, pero no fue hasta casi a mediados de septiembre cuando se produjo. Con aquel dinero y mucha decisión de mi parte, tomé el tren hacia Birmingham, Alabama, el jueves veinte. Una enfermera y un matrimonio que tuve que contratar se ocuparían de mi madre, muy enferma, dos gatos y una perra. Pero estaba decidida a que esta vez nada me impidiese llegar hasta Memphis, Tennessee, aunque mi mundo doméstico fuese un evidente obstáculo para la realización del viaje, y tuviera que enfrentarme a mi propias limitaciones, porque no soy lo que se dice un "ser normal". No viajo en avión y tampoco hay un tren que se desplace directamente desde mi casa en New Jersey hasta Memphis. Llevaba meses dándole vueltas en la cabeza al proyecto.

Finalmente, El Nuevo Herald (la sección en español de The Miami Herald) para el que escribo una columna cada semana, aceptó pagarme parte de esos gastos a cambio de algunos artículos. Sin embargo, yo estaba en desventaja, mis lectores iban a ser todos hispanos, gente en su mayoría con intereses muy distintos a los que en esta ocasión me motivaban.

Pero me encomendé a Dios y tomé el tren en la ya familiar estación de Trentón, aunque ahora la ruta iba a estar llena de novedades, por lo menos a partir de Washington, porque viajaría por primera vez en el Crescent, que corre entre New York y New Orleans. Cada viaje en tren me produce cierta ansiosa nostalgia: como

Elvis: la tumba sin sosiego

si mis propias penas fuesen siendo arrastradas por la vía, al igual que hacía la locomotora con los carros del ferrocarril. Pero amo también estos viajes, el vértigo de sentirme encerrada en cajones sobre ruedas, metida de cabeza en el escenario de un teatro, donde la vida se improvisa entre comidas y charlas insulsas, llenas de rostros nuevos, inimaginados, que van contando sus historias sin que apenas se las hayamos pedido, y de pequeños salticos y pasadizos que nos conducen a través de paisajes vistos tan sólo en las películas.

Ernesto, mi hijo de 18 años, viaja conmigo, un poco a regañadientes, incapaz de entender del todo mi interés en algo en apariencias tan ajeno a mi mundo intelectual. Pero acostumbrado a mis largos viajes por tren, que años atrás nos habían llevado incluso a México, luego de dos días y medio de ferrocarril, se había dejado convencer de nuevo, atraido en parte por mis obsesivas historias y también porque Memphis le había entregado las llaves de la ciudad a Led Zeppelin, su grupo preferido de rock.

Pronto, de acuerdo con nuestros respectivos intereses, mi hijo y yo organizamos la vida en el pequeño compartimento del tren. Antes de salir de casa, había pasado por la biblioteca pública para recoger tres nuevos libros que debería leer en el largo trayecto. Por fortuna, la suerte me había acompañado al investigar en detalle sobre los personajes que debería entrevistar y aún sin haber puesto los pies en Memphis ya me había hecho una idea de la ciudad, incluso de sus calles y del ambiente que encontraría. Me sirvieron por igual la guía de telefonos, mapas y libros históricos y cuanto material cayó en mis manos. Viajaba, pues, bien pertrechada de números de teléfonos, direcciones, pistas, referencias más o menos oblicuas, pero sobre todo, de una fuerza nueva, muy poderosa, que me arrastraba hacia Memphis.

No era una turista más, ni una fanática de tantas. Viajaba persuadida de que mi fe casi ciega y mi peregrinaje —si así podía llamarse—, tendrían una razón de ser al proponerme reconstruir ahora un tiempo roto. Comprenderán que no era fácil retroceder treinta, veinte, ni siquiera un día vividos, pero yo lo intentaría. Esa era en el fondo mi misión, aunque no contase con la máquina del tiempo ni con poderes sobrenaturales. Pero para entrar de lleno en materia yo necesitaba tocar, con algo más que con mis ojos, el mundo de Elvis Presley.

Tengo 10, quizás 12 años y un sueño recurrente que me despierta en las noches, pero no me aterra. Estoy en un sitio visitando la tumba de un amigo muerto. Sé que se trata de un hombre joven y

Elvis: la tumba sin sosiego

rubio, pero no logro saber su nombre. Durante la adolescencia, cada cierto tiempo, vuelvo a soñar que visito la tumba de este amigo. Como no sé de quién se trata temo entonces que sea un sueño premonitorio; pero han pasado los años y ya no se repite, aunque permanece vívida en mí la imagen de aquella tumba: una lápida horizontal de bronce rodeada de algunos pequeños setos mal cuidados.

Hace sólo unos meses que pude descifrar mi sueño. El pelo rubio de mi amigo muerto era un símbolo de extranjería, la maleza que rodeaba la tumba, también. Es evidente que la nacionalidad del amigo muerto se me presentaba en sueños con el detalle del color del pelo. Tampoco es costumbre en Cuba, mi país de origen, esta clase de tumba, ni ese tipo de vegetación. El abandono en que la veía era una clara señal, ¿no estaba obligada a limpiarla de toda maleza, a colocar flores frescas sobre ella, a preservarla de los azares del tiempo y la inclemencia de los enemigos?

Hay también otra imagen petrificada en mi memoria. Seguramente pertenece al año 1957. Tengo en mi mano la revista Vanidades y allí, en las páginas de cine, hay una foto de Elvis y Gladys. Están de pie, junto a la puerta de un porche rodeado de tela metálica, el brazo de él sobre los hombros de su madre. Yo todavía los estoy mirando. Lo hice entonces con tal intensidad que aún recuerdo los detalles del rostro y la figura obesa de Gladys. Si pudieran entenderme, les diría que entonces los miraba a los dos desde la profundidad de mi pupila derecha. Siendo muy pequeña me encontraron una cicatriz casi invisible en la niña del ojo derecho. Quizás este accidente físico dotase a mi ojo de una cámara secreta, que con su luz especial me permite captar por anticipado ciertos acontecimientos, o guardar para siempre otros. Yo le llamo mi "tercer ojo", aunque no se trate precisamente de lo mismo.

La estación de ferrocarril de Birmingham es un desierto de desaliñadas vigas de acero y unos cuantos carritos para transportar el equipaje. Afuera, el sol de mediodía quema la suciedad de unos ennegrecidos vagones de carga por los que se desborda un líquido que recuerda la miel. Hemos alquilado un automóvil y atravesamos el centro comercial con la esperanza de encontrar la salida hacia la ruta 78. Comemos un par de burritos en un establecimiento repleto de oficinistas y regresamos a las calles anchas, feas y desoladas de Birmingham. Ernesto va al timón, está dotado de un gran sentido de orientación, así que confío en su pericia de siempre. Aún tenemos que andar 268 millas para llegar a Memphis. Finalmente cuando damos con la 78, tal parecería que no hemos abandonado nuestra cotidiana ruta 1 de New Jersey. A uno y otro lado de la carretera se alzan los mismos centros comerciales, los mismos anuncios, las mismas entradas a esos pueblos de Dios escondidos junto al camino.

Rock, curiosidad, aburrimiento, bostezos, excitación. El pequeño y nuevo automóvil azul corre hacia nuestro destino. Un caballo mecánico que parece volar tragándose las millas. Ahora la vegetación lo cubre todo con sus mantos verdes. El terreno es escarpado y a ratos la desolación es total, sobre todo cuando se entra en Mississippi. Pero la carretera agobia con su dibujo de serpiente. Me digo que aquí, en el puro sur, hay enterrado un pasado que se empata con las raíces primarias de todos los que hemos crecido bajo el sol ardiente del trópico.

¿Quién inventó el Sur? Quizás los duendes de algún legendario dios. Pero en el Sur uno camina hacia adentro, hacia el vientre de la tierra, y son los árboles y las enredadas greñas del paisaje los que nos cobijan. El sol aquí se extiende como un radar que buscase objetos perdidos, hasta encontrarnos.

Elvis es un hijo del sol. Cuando nos acercamos a Tupelo, nuestra primera meta, su nombre refulge en los avisos de la carretera con la intensidad y la energía que emergen de esas cinco letras, cinco rayos, que componen su nombre. Estamos entrando en su territorio. Los animales suelen marcar el suyo. Elvis, también. Tupelo, su pueblo natal, donde abrió los ojos en medio de la luz azul de la madrugada, es un tributo permanente. Pero hace tanto que ya él no está allí, que se siente su ausencia.

La casita pequeña de madera, blanqueada y embellecida para los visitantes de ahora, es sólo un símbolo. A los tres años, ya Elvis no vivía allí. Pero al entrar en ella, debo haber recibido la misma impresión que Blanca Nieves al poner los pies en la diminuta casita de los siete enanitos. La reverencia sobrecoge. Allí fue engendrado Elvis, allí lloró por vez primera, y allí murió el otro Elvis. Porque sin duda había otro Elvis. El hermano mellizo que murió al nacer. Pero, ¿pueden ustedes imaginar otro Elvis?

Estoy segura de que cuando Jessey Garon murió su pequeña almita de limbo se quedó en la tierra, no subió a ningún sitio, sino que se integró a la de Elvis. La idea de un Elvis doble tiene mucho que ver con los mellizos de Géminis, con la efervescencia singular de un

Elvis: la tumba sin sosiego

Narciso encarnado entre las tablas de aquella humilde casita sureña que lo prohijó.

Pido permiso a la celadora y retrato las dos habitaciones, ahora recreadas con muebles que recuerdan a los de sus antiguos propietarios. Hay demasiada hermosura en el orden de este habítaculo para pensar en la miseria de la familia Presley, seguramente ajena a las inquietudes estéticas. ¿Quién decidió que la cama matrimonial estuviese en esta disposición de ahora, haciendo un ángulo en medio de la habitación? Poco importa ya, pero de seguro, para conseguir el espacio de que no disponían, la cama estaba arrinconada junto a la pared lateral. Y la miseria no es blanca, ni perfecta, sino que tiene desconchados, manchas de grasa, ollín, huellas demasiado perennes para no reconocerlas. Aquí han sido borradas, porque ésta no es la cabaña del Tío Tom, sino la de un legendario mellizo traido a la tierra por algún ángel.

TUPELO

Tupelo es una aldea con pretensiones de ciudad. Hay una iglesia cubierta de hiedra y una calle que divide socialmente al pueblo —o que lo dividió en epocas pasadas, que es lo mismo—. Hay esquinas florecidas y esquinas sucias; casas victorianas, un museo nuevo y hoteles modernos de concreto que son parte del enjambre de grandes cadenas hoteleras. Es lo que se dice en términos de economía, un sitio en desarrollo. Pero algo más, una ciudad que crece a expensas de un nombre. Que lo preserva lo mejor que puede, arrancándole pedazos a una historia para turistas que muchas veces ha tenido que inventar porque el niño Elvis pertenecía a una clase social de la que ni los historiadores locales, ni la crónica social del periódico se toman el trabajo de hablar.

Durante seis meses, Elaine Dundy vivió en Tupelo investigando sobre el niño que abandonó el pueblo a los trece años y regresó convertido en leyenda. La historia es terrible, porque según cuentan todos, la miseria mandó a la cárcel a Vernon, el padre. Y no bastándole con eso, la familia fue forzada años después a abandonar Tupelo. Que ahora lo reverencia. También Earl Greenwood, un primo de Elvis que creció con él acá se permite contarnos su versión, a ratos linda, llena de detalles, sobre el muchachito. Lástima que su libro sea como una herida abierta y transparente donde tiene cabida la envidia que le produjo el éxito de Elvis. Earl, con grandes orejas y boca fea, no podía aspirar a convertirse en el James Dean que soñaba. En cambio, Elvis, el muchacho "white trash", como no cesa de llamarlo a cada momento, el hijo de nadie, tocó el cielo de Hollywood.

El peregrinaje a Tupelo es ya un rito de mucha gente que llega de los lugares más disímiles. Las chapas de los automóviles de Montana, California, Georgia, de sitios lejanos, lo confirman. Es

Elvis: la tumba sin sosiego

sábado en la tarde. Mirando a la cara de toda esa gente uno sospecha que este fin de semana están obsedidos con el recuerdo de Elvis. Quizás fue una canción que les llegó a traves de un altavoz en la oficina o la fábrica, quizás el sueño de la otra noche, o el deseo de regresar a cierta etapa feliz o llena de dulces lágrimas. Pero lo cierto es que han manejado diez, quince, quizás veinte horas hasta Tupelo. Entran y salen de la casita museo que atraviesa la luz de puerta a puerta, apenas dos humildes habitaciones, y lo demás es pura imaginación. Al fondo, la tienda que vende mementos de un Elvis que ya uno no sabe si existió. Son tan feos algunos dibujos, tan pop art del peor, tan sin alma, que a cada paso me pregunto cómo sería en realidad este hombre.

La ferretería donde Gladys le compró la primera guitarra a su hijo está cerrada, pero por las puertas de cristal se divisa su mundo interior. Conozco muy bien esos establecimientos que venden de todo. Y de pronto me remonto a mi infancia, a aquella otra ferretería,"Los dos leones", allá en Guantánamo, a donde solía llevarnos mi padre para que viésemos la colección de monos que tenían en la trastienda. No necesito entrar para saber que yo estuve con Elvis el día de la compra de su guitarra, como él pudo haber estado conmigo cuando escogí aquellos juguetes en una ferretería de ingenio azucarero, una también como ésta de Tupelo, llena de tuercas y de sueños.

En el McDonald, lugar obligado porque sus dueños lo han convertido en sitio de reverencia, comemos con el nerviosismo de sabernos en un templo. Elvis nos mira desde todas las paredes: vida y milagro; libros, premios, recortes de periódicos. Es casi imposible comer en presencia de Elvis, por lo menos, de este Elvis petrificado en fotografías, como si cada acto recogido entonces obedeciese a una de sus muchas muertes. Retratarse es matar ese instante, es congelarlo en algún pasadizo secreto del alma universal. Un limbo al que van a parar los recuerdos. Gracias al cine, la fotografía ha dejado de ser una cosa muerta y ha dado paso a la vida eterna de esa carne transitoria en la que el alma vive envuelta en este mundo.

La muchacha que limpia los baños pasa cargada de sus instrumentos de trabajo. Parece mexicana y en efecto lo es. Se llama Rosa y hace cuatro meses que llegó de Boston siguiendo a su novio. Sí, cómo no, le gusta Tupelo más que el norte. Tan feliz de encontrar a alguien que hable su lengua, que quiere presentarme a su supervisora, una negra joven y gorda oriunda del pueblo. Pero para ella Elvis se puede ir al diablo y le oigo decir: "Elvis nos dio la espalda a nosotros los negros". ¡Uy, ya sé por dónde viene el resentimiento! Me doy cuenta, por lo que agrega, que

Elvis: la tumba sin sosiego

le ha dolido el triunfo de este blanquito interpretando una música que ella cree exclusivamente propiedad de los negros. Como si Elvis le hubiera robado algo a su raza. Es la primera gota amarga, pero me digo que no vale la pena discutir. En definitiva, el Elvis de las fotografías no puede oirla, aunque por un momento me siento idiota, como el que acude a un templo y ve cómo le tiran piedras a las estatuas de los santos. No puedo evitar las comparaciones. Pero estoy segura de que alguien le ha metido en la cabeza la idea de un Elvis olvidado de los negros.

Doy una vuelta más y me llevo conmigo algunas de esas sonrisas y cabezas ladeadas de Elvis. Ahora soy yo la que voy manejando y como el pueblo tiene autopista nueva y salidas que se muerden la cola si uno no es un conocedor del sitio, estamos dando vueltas otros diez minutos, hasta que logramos retomar la ruta 78 que enfila hacia Memphis. A mitad de camino, en otras dos horas, habremos puesto los pies en la tierra prometida. A partir de aquí la carretera es más insulsa que nunca, despoblada. Atrás hemos dejado un centro comercial nuevo, de esos a los que la gente va cuando en realidad tiene ganas de otra cosa, pero no sabe qué. Desde la carretera el logo con las letras de J. C. Penny pone una nota familiar en el paisaje ajeno.

Al cabo de hora y media, el atardecer comienza su obra devastadora. El cielo tiene vetas grises nuevas y una ligera llovizna empaña el cristal del automóvil. Nos detenemos en una vieja gasolinera y Ernesto vuelve a tomar el timón, mientras yo intentare encontrar en el mapa de Memphis la calle que nos lleve al centro de la ciudad, ésa que he venido siguiendo en los últimos días como un general que estudiase el campo de batalla.

Todavía alumbra el sol, pero de modo infeliz, aunque el corazón me desborde de ansiosa alegría. A medida que vamos acercándonos a la ciudad viene a mi mente la historia que le narró aquel camionero al doctor Raymond Moody cuando en las cercanías de Memphis recogió en la carretera a un desconocido. Sueño o realidad, el camionero cree que fue Elvis, o su fantasma quien subió a su camión aquel atardecer neblinoso para pedir quedarse media hora después muy cerca de Graceland.

Escudriño las malezas a cada lado de la carretera, esperando con torpeza infinita ver aparecer aquel fantasma, pero es sólo su voz la que me llega, rica en resonancias, en modulaciones, porque para entrar en la ciudad hay que hacerlo por todo lo alto, con Elvis cantando, mientras la tarde cae y las primeras señales de que ya estamos pisando Memphis parecerían extremecer hasta este pequeño animal mecánico que nos desplaza.

Memphis, tan misteriosa como la otra, tan llena de señales ocul-

Elvis: la tumba sin sosiego

tas como la egipcia, se enciende de súbito en este cielo nocturno. No muy lejos, corre el Mississippi, arrastrando consigo este día eterno e inolvidable para mí.

Mientras el automóvil se adentra en las calles de la ciudad y las feas y casi mugrientas zonas de las afueras recuerdan cierto Miami, siento que mi cabeza se queda vacía, como si mis pensamientos hubiesen escapado de una jaula y revolotearan ahora en la parte fea de Memphis. Sucede cada vez que me enfrento a una nueva visión, a pesar de los esfuerzos de las penumbras por transformar la noche iluminada en una fiesta, incluso sitios tan inhóspitos como éste, de puertas y ventanas enrejadas; sucios locales comerciales en los que la mano del tiempo ha destrozado lo que nadie en años se ha ocupado en renovar.

El mapa no me sirve de mucho, el trazado de las calles es incierto y de pronto el miedo se apodera de mí; ahí debe estar cerca el río y caernos al Mississippi con automóvil y todo no es una idea descabellada cuando no se sabe a ciencia cierta por dónde se conduce. Estúpida idea, seguramente sacada de un mal sueño, porque es casi imposible no ver un río.

Pero todavía guardo conmigo la visión del Mississippi tragándose a Saint Louis en una impresionante madrugada, desde aquel otro tren en que íbamos al sur. Despertar del sueño y agua mugrienta entre reflejos de barcos a vapor y sonnolientos arabescos, pueden llenar de temor infantil a cualquiera, de creerse en algún resquicio del siglo XIX.

Hace años que descubrí mi pasión por la ubicuidad. Daría cualquier cosa por estar en varios sitios a la vez y sentirme como en casa. Por eso, si me desplazo a alguna parte, ya sea a la esquina de mi pueblo, me pongo en lugar de los que habitan tras esas puertas. Y me ejercito en el hábito de ser ellos sin dejar de ser yo. ¿Cómo me sentiría asomada a esa ventana azul, o trabajando en ese comercio, o siendo la mujer de ese tipo de nariz perpleja que ahora pasa junto a mí. Estoy siempre en el papel de la otra, de la mujer que veo escogiendo una manzana en el supermercado; de la que se ha cortado el pelo en un estilo que no iría jamás con el mío; de la que usa esos zapatos que yo detesto, o un abrigo que adoro o esa cartera que envidio. Luego, respiro profundo y vuelve la calma al espíritu, y me digo, con una mezcla de resignación y alivio, que soy la que soy. Si pudiera asumir otra personalidad, vivir esas otras vidas, casarme con sus maridos o tener sus hijos dejaría de ser yo. Pero disfruto probando a instalarme en las ciudades por las que voy pasando, poniendo a prueba qué tipo de vida llevaría allí, quiénes serían mis amistades, aunque no ignore que por unos segundos le doy muerte involuntaria a mi otra yo. Pero en Memphis todas esas preguntas están de más. Sé quién me gustaría ser y por qué. Un poco ahora, la loca real en la que el doctor Raymond Moody dice que se convirtió la fanática de Elvis, aquella mujer que se mudó para Memphis con tal de estar cerca de su tumba y poder limpiarla. ¡Qué loca fantástica! En un mundo donde todos parecen buscar a ciegas su identidad, esta loca puede darnos lecciones. ¿O es que existe algo más relevante bajo las estrellas que hacer lo que uno desea con toda su alma? A menos que se esté cuerdo del todo y tengamos que ceder a las presiones de la vida cotidiana. Esta primera noche, armados de mapas y ansiedades, en un punto muerto de Memphis, junto a una gasolinera en una calle que no suena familiar, comenzó la "busqueda".

    A pesar de que había reservado habitación en un motel de la E.P. Boulevard, la empleada no veía mi nombre por ningún lado, por fortuna, al cabo de un corto intercambio de mutuas incomprensiones, logramos ponernos de acuerdo. Su fuerte acento sureño se me enredaba en el cerebro como una de esas canciones obcenas, mas bien trabalenguas para entendidos. Se trataba de algo más serio, no sólo de la forma en que tejía las palabras. Era un problema de ritmo, el suyo y el mío diferían. Aquello era el Sur, y la gente tiene otro aire y la vegetación crece hasta el cielo, y las mujeres y los hombres se comunican a su modo. Pero yo estaba dispuesta a hacerme entender.

Por lo pronto tendría que reconocer que no nos había ido tan mal con la gente. ¿En que otra parte del mundo un automovilista es capaz de desviarse diez millas para indicarle a un par de forasteros dónde está situado el motel que buscan? En el norte, de donde yo procedía, no nos hubieran mirado y mucho menos respondido a nuestras preguntas. Además, un norteño sería incapaz de hacer algo por un extranjero, padece de una increible xenofobia y sobre todo, está harto de inmigrantes y turistas. La mala fama del Sur, la de recalcitrantes y racistas, no apareció esa primera noche por ninguna parte. Resulta difícil imaginar hoy día a una pareja como ésta, atravesando con nosotros la ciudad, interrumpiendo su itinerario de noche amorosa de sábado, para depositar en su motel a un par de desconocidos. Y más difícil aún de creer que fuesen negros, y condujesen un automóvil nuevo y estuviesen vestidos con la elegancia dominguera de la clase media.

La habitación resultó mejor de lo que esperaba, porque el motel mismo estaba siendo remodelado, aunque sin alterar para nada su fea arquitectura. Pretender que el estilo de plantación encaje en un motel de esta naturaleza es una de las tantas ideas aberradas de los arquitectos norteamericanos. O se siguen al pie de la letra los diseños o se van al diablo con la mentalidad hollywoodense de cartón piedra.

Ahora que estaba allí, tan cerca del objetivo, miré furtivamente por la ventana, buscando en la noche linda y casi tropical de aquel final de septiembre, los trazos que dibujaran en lo alto la respuesta a tantas preguntas. Este cielo, su cielo, se comportaba sin embargo como un tímido espejo que trasparentaba todo, menos claridad.

Con vocación de paloma, con el alma renovada por encontrarme allí tan cerca de su mundo, volvimos a meternos en el automóvil para recorrer las cuatro cuadras que nos separaban de Graceland. Eran pasadas las 9 de la noche, un sabado de septiembre. Todavía no lo podía creer. Allí estaba la casa, pero yo no la veía, como si el ilusionista de la estatua de la Libertad también la hubiera borrado del mapa. Sólo la voz de mi hijo que, ahora de nuevo al timón, casi me gritaba "!Mírala ahí, mírala ahí", me devolvía a la realidad. Pero yo seguía sin verla.

Elvis: la tumba sin sosiego

Quería mirarla de cerca en medio de la noche, sin haberme aún desprendido del polvo del camino. La sensación era demasiado confusa para describirla. ¿Habría vivido Elvis realmente allí?¿Era éste su refugio? ¿O parte de otro sueño? Hacía tan poco que había ocurrido todo que yo no podía aceptar la idea del tiempo roto. Me daba cierta rabia imaginar que la casa hubiese sobrevivido a su dueño. Pero a decir verdad, siendo como soy una "fetichista" era ésta la primera vez que tenía que admitirme a mí misma que me sentía frustrada. Infatigable biógrafa, he escarbado demasiado en la gente muerta que me interesa para no saber que esos muros y esa mansión blanca recostada contra el paisaje nocturno habían sido recortados y extraídos de otro ámbito, en alguna generación pasada y empotrados allí para decirnos algo que todavía no acierto a comprender. Piedras rayadas, promesas de amor eterno, de admiración, de dolor, lágrimas grabadas sobre la ausencia que un día fue presencia. Graffiti de los que con sus mensajes pretenden robarle a la muerte, ésa que en Elvis ya no va a existir nunca. ¿Palmas reales acá? No puede ser. Otra visión. Los grandes árboles de Graceland nada tienen que ver con las palmas reales. Pero de seguro no faltan las palmas en el otro Memphis, el egipcio, como no faltan en el Caribe, ni en Hawaii. Estoy segura de que Elvis amaba las palmas y le hubiera gustado, de ser posible, hacerse rodear de ellas. Mi hermosa visión de Graceland rodeada de palmas ilumina con detalles la esencia de un sueño egipcio. Un faraón hubiera siempre escogido las palmas. Y ésta es una de sus ciudades.

!Qué extraña noche! Ha habido alarma de fuego dentro de la casa. Desde la famosa verja musical el trajín de los inspectores del departamento de bomberos exita a los paseantes. Sus sombras sobre la colina se mueven entre bambalinas. Llegan nuevos curiosos y se nos unen junto a la verja. En el fondo, todos esperan que un día u otro todo vuelva a ser como antes y el milagro de un Elvis estrechando manos y firmando autógrafos confirme la invalidez de la muerte. Pero nada sucede, los inspectores se suben a un automóvil y parten, dejándonos con la impresión de que no

Elvis: la tumba sin sosiego

han podido explicarse quién detonó la alarma. La verja se abre y cunde el desánimo entre los presentes. No, ninguno de ellos era Elvis. Cuando comienza a cerrarse de nuevo, hago funcionar la cámara fotográfica. Lo hago a conciencia. Hay una famosa foto de Elvis en medio de la verja, justo en el espacio que aparece ahora en la mía. Allí estaba él, joven, un poco desaliñado, vestido como en los ciencuenta, sonriendo, eso sí, feliz de ser el afortunado propietario de Graceland. Cuando la revelo escudriño el negativo. ¿No tendré la suerte de que su ectoplasma aparezca donde una vez estuvo su cuerpo? Pues no. Los milagros ocurren cuando nadie los espera, no cuando intentamos provocarlos. Sin poder evitar la tentación, me hago retratar frente a la casa. Es mi primera noche en Memphis y mi primer encuentro con Elvis. A partir de ahora debo dar vueltas a la memoria como cuando una enrolla la cinta de una *casette*. Sé que él no está ya más acá, como no hay lava en un volcán apagado, ni hojas en un árbol de invierno. Pero la casa es como una gran mansión abandonada a la orilla de un camino sin fin, por el que un día salió su único morador, un niño, detrás de un ilusionista. Todas las huellas han sido borradas. El niño ha desapareclido y la casa se ha llenado de ruidos y fantasmas. Esas luces de colores que adornan su alero pretenden hacernos creer que el sigue allí, como cuando eran sus aliadas y se encendían anunciado su presencia en la mansión.

Así vio el escritor francés Gustave Flaubert a Memphis, la otra, la egipcia en el siglo XIX: "(...) Walk at sunset in the palm groves: their shadow stretches over the green of the crops, as columns must once cast their shadows over now vanished pavements. The palm -an architectural tree. Everything in Egipt seems made for architecture —the planes of the fields, the vegetation, the human anatomy, the horizon lines." Memphis, Tennessee, rememora en mí la pasión de su gente por el Egipto, hay una explícita voluntad de recuerdo latente en sus calles. Y pirámides fictias y nombres no menos apóstatas se han instalado por dondequiera. Una mezcla de cultura negra y mediterránea. Cierto olor a sándalo.

WALKER EVANS: DE LA HABANA A TUPELO

1933: año terrible para Cuba, todos lo recuerdan aún sin haberlo vivido porque la sangre corrió por las calles de la isla. En agosto huiría Gerardo Machado, tras años de tiranía y abusos de poder, dando paso a lo que se conoce precisamente como "la Revolución del 33".

En mayo de ese mismo año, en una casa de la calle Ahogados en Guantánamo, moría de tuberculosis María Brunet, una extranjera apenas en sus treintas, de pelo negro y ojos color miel. Dejaba tres hijos —la mayor de trece años, el menor, de cinco— y una extraña incomunicación que prevalecería en el humilde hogar, mucho más allá de su muerte. Española y demasiado introvertida para hablar con los extraños que no procedieran como ella de su tierra catalana, tenía la mirada, quizás a causa de esa misma timidez, embelesada, como de estatua o mujer de otro signo, con ojos que taladraban el futuro que ya no iba a vivir. De ella heredó mi madre su modo de encerrarse en una concha, sin dejar de insinuarnos a menudo su orfandad. Pero las dos mujeres se tragaron sus recuerdos, los arrastraron con ellas a la tumba. De Maria Brunet sólo sobreviven dos fotos y una anecdota: buscaba el alivio en una especie de vino o reconstituyente que la mantenía viva cuando ya sus pulmones no daban para más. La hija ocultó siempre a sus hijos la verdadera causa de la muerte de María Brunet. Le había fallado el corazón, decía, en la creencia, muy en voga entonces, de que la tuberculosis era una enfermedad vergonzosa que había que mantener en secreto.

María Brunet, de tan extraña que era, no le legó a sus hijos su lengua materna, la única herencia de que hubiera sido capaz, dado su estado de miseria, sino que los dejó también huérfanos de amor por los ancestros, aunque la única hermana que tenía le sobrevivió muchos años en su pueblo catalán de San Pedro de Rivas, del que sólo se movió para ir a morir a Mallorca. Esta huér-

Elvis: la tumba sin sosiego

fana que fue mi madre se casó ocho años después con un mecánico tornero que vivía en un central azucarero a unas leguas por tren de la ciudad de Guantánamo, situada en el sureste. Sólo una huerfana hubiera podido casarse con un hombre de su carácter. Un hombre que los siquiatras no dudarían en calificar como autista, si no hubiese sido por sus explosiones de ira y su irreflexiva obsesión por la ética y la moral sexual.

Walker Evans llega a La Habana de mayo de 1933 y durante tres semanas, armado de su camara fotográfica rastrea entre el polvo y la luminosidad. Encuentra rostros, puertas, ventanas con rejas. Pero sobre todo, ojos, miradas. A través de su propia pupila, como ocurre en los sueños, voy instalándome en la época. A decir verdad, me bastan estas fotos para saber que esos descamisados en huelga, esos limpiabotas, esas mujeres de labios delineados, de cejas muy finas y ojos grandes; esos vendedores de frutas o esos barberos están todavía ahí, debajo de varias capas energéticas, como de un ténue barniz, que los años se han encargado de sobreponer unas encima de otras.

Hasta donde se lo permiten sus escasos recursos de fotógrafo comisionado, Walker Evans debe apresar gráficamente la situación política de la isla, y por eso viaja a los suburbios habaneros e incluso un poco más allá hasta la provincia colindante de Matanzas y al central azucarero El Pilar. En La Habana conoce a Ernest Hemingway, pero extrañamente no deja constancia gráfica de esta amistad que llevó incluso al escritor a costearle la última semana de estancia en Cuba, tras haberse quedado sin dinero. Tampoco se han publicado todas las fotos que hiciera en la isla. ¿Existen realmente, o Walker Evans nunca estuvo en el interior del país? Voy a describirles las fotos que tomó en el central azucarero Ermita: una señora recostada junto a una cerca de puas rodeada de gallinas; el paradero del tren, un edificio gris, con letras azules; la chimenea del central, vista desde una pequeña colina; la casa del administrador, un americano largo y flaco con ojos encendidos; unos niños muy pequeños, que corretean semidesnudos tras un cerdito; un rosal desde el que asoman dos muchachas adolescentes.

En el central Ermita, a unas leguas de Guantánamo, vivía Manuela Guadalupe, casada con Sansón. De Manuela apenas si se conservan también dos o tres fotos. Ninguna sonriente. Era una mujer estoica, resignada a su condición de ser relegado a segunda categoría, pero con una vitalidad a toda prueba. Cocinaba platos fabulosos, hacía postres que despertaban la admiración de familiares y vecinos, remendaba, lavaba, alimentaba a las gallinas y los patos, cuidaba de los dos caballos que había en la casa y hacía requesón para que su marido lo vendiera.

Elvis: la tumba sin sosiego

A Manuela Guadalupe no la fotografió Walker Evans porque ella, a menos que se tratase de echarle agua a las flores, o darle de comer a sus gallinas, no se asomaba al portal, ni iba a ningún sitio, ni siquiera a la iglesia, porque en el central Ermita no la había, a pesar de su sugerente nombre. Manuela Guadalupe tenía dos aliados, el agua y el jabón. Cada día fregaba los pisos de madera como si se tratase de arrancarle costras a la vida.

Su casa, como se ve en la foto que tomó Evans durante sus erráticos paseos por el central, era uno de esos típicos bungalows de madera que se levantan en el sur americano. No en balde este central azucarero y una gran mayoría de los de la isla, eran propiedad de compañías norteamericanas. Las casas iguales todas, construidas sobre pilares de madera, albergaban por categorías a los trabajadores del central; pero ya para la época en que Evans viajó a Cuba, la casa de Manuela había envejecido lo suficiente como para recordarnos esos barrios depauperados del Mississipii.

Manuela Guadalupe, que alguna que otra tarde era presa de ataques nerviosos (algunos insisten en llamarlos histéricos; otros, trances espirituales) poseía también una mirada de niña que se perdiera en la lejanía tras el humo de los trenes. En el sexto mes de embarazo de su segundo hijo, se presentó en su casa una mujer que dijo haber sido engañada por Sansón, y entre gritos y sollozos maldijo el vientre de Manuela. Años después apareció también por la casa una mujer hindú, con una niña en brazos, que le fue presentada como hija ilegítima de Sansón.

El hijo maldecido se casó con la hija huérfana de María Brunet. Eso ocurrió en 1941.

1936: Walker Evans recorre ahora el sur de los Estados Unidos. Otra vez rostros, extrañas y secas miradas captadas desde el abismo del lente. Fotos y más fotos. Un proyecto nuevo donde participa James Agee, el escritor que me impresionó con *Una muerte en la familia*. Literatura que alimentó mi terror a los imprevisibles, hermosa y fascinante. Hart Crane, el otro amigo íntimo de Evans, se lanzó del barco que lo llevaba de Isla de Pinos a Cuba. Extraña fascinación por la isla.

En 1936 Evans pone los pies en Tupelo, que recien comienza a salir de la profunda depresión económica que vivía el país. Recorre a pie los barrios, especialmente los de los pobres. Las casuchas apuntaladas donde viven los negros. Toma una docena de fotos: junto a una puerta, una señora blanca de grandes ojos, que carga a un niño de apenas un año, le llama particularmente la

Elvis: la tumba sin sosiego

atención. La mujer está descalza, es joven, y Evans cree haber visto antes esa mirada. ¿Dónde? No lo recuerda. ¿Quizás en la isla? Tupelo es apenas un pueblo grande sumido en la miseria. Llueve, y al mezclarse el polvo con el agua crea una fina pátina que matiza la luz. La de Tupelo es radiante oomo la de Cuba, pero en la isla hay palmas reales. ¿Qué fuerzas astrales unifican estos pueblos y los hacen parecer el mismo? ¿O será que están vistos por la pupila mágica de Evans?

UN MENSAJE

En agosto, La Habana parece flotar en medio de la luminosidad del sol; el calor es agobiante a pesar de la brisa de mar que por lo regular nunca falta. En una ciudad que se precia de vivir aislada del mundo, los habaneros tienen que sufrir toda suerte de penurias con los deficientes, y por lo regular inexistentes, aire acondicionados. Por eso la modorra dura todo el día. Al atardecer, el sol se desliza lentamente hasta que se lo tragan los techos vecinos, los árboles se sacuden las gotas de sudor y aparecen los colores en el cielo: el rojo, el rosa, el azul grisoso, los negros opacos, los blancos amarillentos de ese techo de nubes. Eso se llama atardecer en el trópico. Lo conozco muy bien, lo he vivido y disfrutado durante años. El momento ideal para salir a caminar, a meditar frente a la ceiba espinosa de una calle de Miramar, o junto a los cedros de Puentes Grandes.

Una tarde de agosto —y que ahora recuerdo como nunca—, la del martes 16, de 1977, a las siete menos cinco de la tarde, precisamente en ese momento de plenitud de que hablo, en la que el sol desciende y se pierde en la tierra y los astros comienzan a asomar casi imperceptibles todavía, mi mente recibió un "mensaje".

Puedo reproducir con exactitud ese instante, a pesar de que han pasado más de quince años, porque produjo en mí un estado de tristeza y desasosiego de cariz distinto. Como en ocasiones anteriores, ese momento especial quedó grabado para siempre en mi mente como si una camara de película lo hubiese ido recorriendo paso a paso. Sé con presición el lugar donde mi mente fue el receptor de aquella noticia: "Debía sintonizar la radio para que supiera quién había muerto".

Estoy —puedo reproducir al detalle cada uno de mis movimientos— en la habitación de mis dos hijos; encima del pe-

Elvis: la tumba sin sosiego

queño escaparatico blanco está el radio, el único que tenemos en casa. Es color verde botella y viejo, pero funciona. Sé muy bien que a las siete de la tarde comienza a trasmitir de nuevo La Voz de América, desde Washington. Todas las mañanas nos enteramos cómo anda el mundo, si todavía existe, sintonizando a primera hora del día la programación de la emisora para America Latina. Cuando uno vive en una cueva y sólo le llega el murmullo del mar o del viento, uno se hace adicto a esos sonidos, le son tan necesarios ya como la respiración misma o la comida. Así sucedía en La Habana de 1977 en nuestra casa. La voz de los locutores traía el primer rayo de luz a mi ventana. Yo me vestía cada día mientras alguno de esos latinoamericanos que trabajan para la emisora daba el parte del tiempo o hablaba de las ferias que se sucedían en los Estados Unidos. A ratos les contaban a sus oyentes lo dicífil que era a enfermos y ancianos respirar en Washington, por aquello de la contaminación. Y yo me preguntaba inquieta: ¿es que acaso puedo respirar yo aquí, en plena Habana, en medio de una situación política asfixiante? La emisora era como una bocanada de aire fresco: yo vivía los cambios de estaciones (cosa inexistente en Cuba) y gracias también a ellos mi vida se enriquecía. Yo disfrutaba del invierno de Washington, o veía a través de los ojos de ellos florecer los cerezos, o me iba a un picnic en el Mall. Yo entraba y salía del Smithsonian, bajaba las escaleras del Congreso, paseaba frente a la Casa Blanca. ¿Qué hubiera sido de mi vida entonces sin esas voces? Todavía hoy resuenan en mis oídos. Como resuena aún ese "mensaje".

Por supuesto que tenían que ser ellos quienes me alertaran, quienes llevaran a mis oidos, esa terrible noticia. En la radio nacional, el mundo no existía. Por eso, para esa epoca de desesperanza y mortificación fue que escribí este pequeño poema: "Olvida la casa en La Habana/ oliendo a pescado/ Y tú en medio del baño, lavando y llorando/ Mientras la radio proclama un mundo que ya no existe".

Fue la primera noticia de esa tarde: "Elvis Presley había muerto". Y al contrario de los que se desploman cuando reciben una noticia que los afecta terriblemente, en mí la sorpresa obró el milagro de despertarme a un mundo que ya yo creía perdido para siempre. Ahí estaba él de nuevo, no muriendo, sino renaciendo para mí, llegando hasta mi apartamento habanero, a través de ese hilo de luz y energía que es un transmisor radial. De no haber recibido yo ese "mensaje" no hubiera sabido la noticia hasta el otro día, porque no solíamos escuchar la radio por las noches.

Estudiosa de todas las corrientes espirituales, yo creía en la

Elvis: la tumba sin sosiego

comunicación extra sensorial, creía en los mensajes telepáticos, creía en el destino, creía en el poder de la mente. Una vez más comprobaba que había fuerzas ocultas capaz de trasmitir mensajes no importa la distancia. Pero, ¿por qué precisamente uno en referencia a Elvis Presley? Bastaba con que hubiera sido consciente entonces de mis conecciones esótericas con Elvis, o haber sabido que durante todos esos años de las decadas del sesenta y los setenta, dos seres distantes, desconocidos entre sí, leían los mismos libros de literatura ocultista y se hacían quizás las mismas angustiosas preguntas, para entender la razón de ese "mensaje".

Diez y siete años sin oir de él, sin escuchar ni una sola de sus canciones, sin saber nada, absolutamente nada de su vida y, de pronto, la noticia de su muerte que me llegaba con anticipación a que la diese la radio.

Ese paréntesis que ahora aparecía perfectamente claro ante mis ojos, abarcaba el más terrible período en mi vida. Desde 1960, fecha en que extrañamente dejé de oir hablar a mi alrededor de Elvis, tras su regreso del ejército, hasta 1977, mi vida había sufrido un proceso doloroso de transformación: había rechazado mis antiguas creencias católicas, había estudiado marxismo, sin asimilarlo; me había casado, me había divorciado, me había vuelto a casar; había tenido dos hijos; había escrito cinco libros de poemas, una biografía y una novela; había comenzado a pintar; había crecido espiritualmente; había ido a la carcel por mis ideas políticas y vivía en un marginamiento absoluto por parte de las autoridades comunistas de mi país. Yo soñaba pues con irme a Estados Unidos, al sitio que la propaganda oficial denostaba y acusaba cada día como se puede sólo acusar algo realmente diabólico.

Pero yo era una Géminis, el signo zodiacal de Estados Unidos, yo había nacido en la ciudad de Guantánamo, muy cerca de la Base Naval norteamericana y el día de mi nacimiento, todavía con la Segunda Guerra Mundial andando —el 15 de junio de 1942—, mi padre era un empleado civil de la Base. Yo sabía que algo me arrastraba hacia ese país. Siempre lo supe, de modo que si existía la reencarnación, yo había vivido durante otra vida en Estados Unidos. ¿En el sur, quizás? Mis sufrimientos de entonces tendrían que pertenecer a ese karma que estaba pues pagando en vida. Pero tarde o temprano yo encontraría mi centro físico, el que me correspondía desde siempre.

SUEÑO DEL 31 DE OCTUBRE DE 1992

En mi sueño de anoche recuerdo cuando Elvis tomaba muy delicadamente una misteriosa cadena que yo llevaba al cuello y se la colocaba alrededor del suyo, sin dejar de sonreir con placidez. Edgar Cayce, en su interpretación de los sueños, no menciona las cadenas, aunque sí las joyas. Esta no puede ser considerada propiamente una joya, aunque sí tiene una función de adorno. Sin embargo, luego de haber leido su análisis de los sueños, prefiero siempre por mi parte una interpretación a tono con la impresión realista que deje en mi ánimo, pero no me cabe dudas de que este sueño contiene un símbolo espiritual, un mensaje, en relación con esa extraña alianza que parece unirnos a Elvis y a mí. Dios es siempre el círculo y esa cadena ha sido concebida como un círculo.

Esa noche, antes de irme a dormir, quise hacer una prueba: coloqué debajo de mi almohada una nota pidiéndole a Elvis que por favor me enviase algún mensaje durante el sueño. Considero que este es su mensaje: al ponerse al cuello mi cadena está señalándome claramente que ambos compartimos un objeto común, que estamos insertos dentro de ese círculo de Dios que nos une.

Fue un lindo sueño en colores. Elvis estaba vestido con uno de sus *jumpsuits* azul pastel y la atmósfera tenía una suave tonalidad, mientras a él lo rodeaba una delicada luz que recordaba un aura blanca.

UN NOMBRE ES UN NOMBRE, ES UN NOMBRE...

En alguna parte he leido que cada uno de nosotros trae ya grabado su nombre en la frente y que bastaría pasar un papel de arroz sobre ella para que se hiciese visible. Creo que son los chinos los que piensan que esto es posible. No lo dudo, pero aunque no fuese cierto, la idea es hermosa y vale por sí misma.
Yo me llamo Belkis. Y siempre me intrigó el porqué de ese nombre. No es de origen hispano, no abunda en Cuba, mi país de origen, y a decir verdad, siendo niña me parecía demasiado exótico, y yo era muy tímida para sobrellevar esa carga. A los veinte años escribí un poema sobre una "reina" (precisamente lo titulé "La reina ociosa"), sobre una mujer que se mira en el agua como si se tratase de un espejo y cuyo nombre es "Balkis". Escribí yo entonces: "Balkis es el nombre del agua". Fue a propósito que cambié la e de mi nombre por la a del de la "reina" de mi poema. Sabía perfectamente a quién me estaba refiriendo: a la Reina de Saba. Ella se llamaba Balkis o Belkis. De algún modo yo estaba hablando en mi poema de "otra" mujer que era "yo". Este hecho de verme doble me parece ahora, con los años, más significativo que nunca. Especialmente porque entonces no sabía yo nada de reencarnación o cosa por el estilo.

A los veinte años, la imagen de la Reina de Saba me fascinaba. Se trataba, declaran los libros, de una mujer de increíble belleza, negra o casi negra, que reinaba en Etiopía o en algún otro país vecino y que había ido a visitar al Rey Salomón. La Sulamita, como se le conoce, ha movido a los escritores de todas las épocas a tejer historias atrevidas sobre ella y ha habido incluso películas famosas que la presentan como una mujer envidiable por su riqueza y su belleza, y en especial, por haber despertado en el Rey Salomón una de las grandes pasiones de la historia. Ahí está El Cantar de los Cantares, que dicen le escribió a esta misteriosa mujer. Son los poemas de amor mas hermosos que conoce-

Elvis: la tumba sin sosiego

mos hasta hoy día, y serán eternos, porque no se puede expresar el amor de modo más simple y bello.

No hace mucho descubrí que la famosa Reina de Saba (Sheiba), de acuerdo a ciertos estudios recientes, podía ser muy bien una reina de Egipto. Esta teoría se basa sobre todo en la afirmación de que una de las versiones de la Biblia, la de Josephus, un greco-romano del siglo I después de Cristo, la llamaba "la Reina de Egipto y Etiopía". Estos estudios tratan de probar que la Reina de Saba no era otra que la Reina Hatshepsut, considerada la más poderosa faraona de la historia de Egipto, quien realizó una expedición a Punt, por mar y tierra. De acuerdo con esto, se dice que Punt podría ser una versión egipcia del nombre Fenicia (Phoenicia). Muchos discuten aún dónde está Punt, si en Egipto o en tierras de Somalia, o entre ambos territorios.

La famosa expedición de Hatshepsut —según ella ordenada por el mismo dios Amón— tenía entre las misiones principales el traer consigo árboles de incienso para las terrazas de Deir el Bahri y restablecer relaciones comerciales con esa tierra, que desde hacía más de doscientos años habían sido suspendidas.

El triunfo de la Reina Hatshepsut, al regresar de su gloriosa expedición, bien le valió esa capilla mortuoria que se alzó en la ladera oeste, al otro lado de Thebas; y si fue o no la propia Reina de Saba, lo cierto es que nada añade al misterio de las dos extraordinarias mujeres.

El no creer en la reencarnación —o no saber a ciencia cierta qué pensar de esa teoria— no resta belleza al simbolismo que pretendo establecer entre la existencia de esa Reina y yo. Y yo amo los simbolismos. Si la Reina de Saba "reencarnase" en alguien, me habría gustado que me hubiese escogido a mí, que vine a nacer en una isla tropical, no muy diferente a las calurosas tierras donde ella reinó.

Lo cierto es que tengo una extraña memoria de algún legendario mundo, y de niña sentía uns rara reacción ante el olor del sándalo. Guantánamo, la ciudad donde nací, estaba "invadida" de emigrantes libaneses y egipcios y, cosa curiosa, en el nombre de Guantánamo es fácil ver que aparece el nombre de Amón , "el dios de los dioses" egipcios, a quien la Reina Hatshepsut adoraba y en cuyo homenaje mandó a plantar tres arboles de incienso que había traído de Punt. Belkis es un nombre común en Egipto y Turquía, y mi primer apellido, Cuza, aunque se asegura que rumano, aparece con frecuencia en tierras del Líbano.

Pero lo más intrigante para mí resultó descubrir que dentro de mi nombre estaba el nombre de Elvis, aunque difieran la B y la V. Y que el valor númerico de la suma de las letras de Belkis (B:2;

Elvis: la tumba sin sosiego

E:5; L:3; K:2; I:9; S:l) es igual al de Elvis (E:5; L:3; V:4; I:9; S:l), o sea 22, lo que al reducirse a un sólo dígito nos da el 4, múltlipo de 2. Número que a su vez volverá a ser de relevante importancia cuando yo les presente, en la segunda parte, al personaje central de este libro.

    El que yo pueda formar el nombre de Elvis con las letras del mío me pareció más que significativo cuando mi memoria me hace retroceder a los años 1957 y 1958 y me veo de adolescente, con 15 y 16 años, vestida con el uniforme de mi escuela secundaria, jóven, tímida y nada fea. Por todos lados oigo que me gritan "¡Elvis!", "¡Elvis!". Son mis compañeras de colegio, capitaneadas por Rosita Ayala, una jovencita de ojos verdes y chispeantes, a quien le gustaba la Química. Intrigada, les pregunto por qué me llaman así, y todavía resuenan en mi oído las palabras de Rosita: "¿Pero tú no te has visto en un espejo? Tienes la misma cara y los mismos ojos de Elvis, ojos dormidos".

    Después fui y me miré. Pero los ojos que veía Rosita, mi compañera, eran los de un Elvis de ciertas fotografías, de ciertas poses (entonces muy joven) y en efecto se parecían a los míos, y en general tengo fotos de la época que recuerdan a ese Elvis, es decir a cierto Elvis. Los míos son negros, los de Elvis, azules, tirando a gris y avellana; pero el óvalo del rostro y cierto "aire" eran muy parecidos.

    Pero, ¿puede uno mirarse en otro y descubrirse allí, tras aquel rostro y ojos ajenos? Quizás sí. Entonces, Elvis era una voz y una presencia adorables que las jovencitas de finales de los años cincuenta de casi todo el mundo no sabían cómo asimilar porque rompía los moldes al uso, la moral estrecha de esa epoca, pero nunca se me hubiera ocurrido por mí misma encontrarme parecido con él o con gente tan guapa.

    Mi adolescencia en medio de los estudios regulares del Bachillerato, en una escuela para señoritas de la clase media alta (sin pertenecer yo a ella), incluyó siempre a Elvis sin reticencias, ni sin prestarle atención a los adultos que aconsejaban no oirlo.

    Todavía recuerdo a Matilde, la profesora de francés —y a ratos de religión— cuando nos convocó con urgencia en el salón de conferencias de la escuela para hablarnos de Elvis. Matilde era una solterona que no tenía trazas de serlo; vestía con elegancia casi francesa y tenía un hermoso pelo de blancas y prematuras canas que ella cuidaba muy bien y mantenía siempre azuloso. Matilde, sin embargo, nos mostró vistas de algunas de las actuaciones de Elvis, para advertirnos contra "el histerismo"de las jovencitas que lo oían. No podré nunca olvidar aquello que con tanto asombro ella nos hizo notar: "Y las muchachas hasta se desmayan",

Elvis: la tumba sin sosiego

dijo con exagerado acento de disgusto. En medio de la ciudad calurosa y no del todo provinciana de Santiago de Cuba, donde yo vivía desde hacía un año, la idea de que alguien se desmayase por un cantante, no sólo me llamó la atención, sino que casi me hizo sentir envidia de que pudiera llegar a esos extremos. Creo que esa frase de Matilde despertó en mí, más que ninguna otra cosa, la curiosidad en ese Elvis. Una de las muchas cosas que "grabó" entonces mi "tercer ojo", en referencia al cantante de "Hound Dog".

Días después, cuando oi de nuevo "Blue Moon", en la voz vibrante y aterciopleada de Elvis (que a ratos aullaba como un amoroso lobo), no pude menos que recordar las palabras de la profesora Matilde, y ya no me pareció tan extraño que alguien se desmayase en presencia de un hombre que era capaz de cantar con esa voz tan hermosa.

Elvis: la tumba sin sosiego

SABADO POR LA NOCHE EN MEMPHIS

Camino por Memphis. Toco el cielo de Memphis, sus calles, sus avenidas. Subo y bajo por Beales Street. Es sabado en la noche y hay música en cada café, en cada esquina. Asomo la cabeza en los salones con olor a vino y sazonados platos de no sé qué comida sureña y me confundo entre los paseantes de esta noche llena de remembranzas. No soy una turista más, lo sé. Soy yo, en busca de ese Elvis que siempre he sabido parte de mí. Lo olfateo en el aire. Sé que sabados como estos llenaron su vida de joven soñador y ahora estoy aquí de pie, donde seguramente un día él se detuvo a escuchar esta misma música.

Casi juraría que esa sombra es la suya, y que ese brazo sobre mis hombros me protege contra los imprevistos de la noche; caminar junto a él por Memphis es una aventura, una vuelta al pasado dulce de los años cincuenta, cuando él y yo éramos adolescentes reinventando la vida. A su lado, feliz de conocer sus sueños de muchacho pobre y citadino, las calles de Memphis cobran una dimensión nueva, se incendían con su vivacidad, mientras él tararea en voz alta esa melodía recien escuchada en el café.

¿Quién soy? ¿Quiénes somos? Una "extranjera" del trópico y su amable cicerone. Vengo de un sitio que no le es ajeno. Estoy en una ciudad en la que he vivido sin saberlo. Como en un poema, somos dos seres que han compartido un mismo tiempo vital, un mismo trozo de imaginación.

En el "Alfredo" hay una foto suya en compañía de George Klein. El puede mirarse ahora en su propio espejo; en la foto es el mismo de cuando camina a mi lado; el pelo ligeramente erizado le da aire de niño grande, y los ojos, sonrientes, afirman su nostalgia juguetona. Nos detenemos junto a la vidriera del cafe y él es quien me anima a entrar. "Habla con George", me dice. "Es un gran tipo". A las nueve llega finalmente George Klein y me enfrento por primera vez con alguien que ha sido su amigo, su compañero de

Elvis: la tumba sin sosiego

escuela; que ha vivido junto a el experiencias reales. Puede que sea una tontería, pero me emociona. Los ojos de George Klein han tenido el privilegio de apresar con la mirada una imagen que ya ha quedado grabada para siempre en su cerebro. La imagen de Elvis. Yo lo envidio, pero no digo nada. Hablamos, me pregunta si soy de España, me anota su teléfono en una tarjeta de presentación y me dice que lo llame en dos días. Estoy feliz. Elvis tenía razón, es un gran tipo este George.

SUEÑO DE LA MADRUGADA DEL 1 DE JULIO DE 1992

En este sueño todo es impreciso, pero vale la pena anotarlo. No supe entonces por qué motivo, aparece mi amiga Nancy Pérez Crespo, pero luego recuerdo que ella tenía en Miami una galería de arte que se llamaba Memphis. En el sueño ella quiere mostrarme unos paisajes y que tomemos fotos de éstos. Pero cada vez que trata de que me fije en alguno, yo le digo—y lo recuerdo perfectamente, como si al responderle me retrajera a ese tiempo—, que ya yo he visto ese paisaje y que Elvis y yo hemos estado allí antes, e incluso que él me ha tomado fotos en el sitio. No puedo precisar qué tipo de paisaje veo, pero me parece más bien tropical o con características del sur norteamericano; paisaje verde, abundante.

Vale la pena destacar que Elvis aparece como insertado en el presente del sueño, no recordado sino haciendo real la escena, y es un Elvis joven, de unos veinte años. El y yo —lo veo claramente en el sueño—, estamos al lado de unas rocas con vegetación, y él me dice que me siente ahí, que me va a retratar y lo veo tomándome varias fotos.

Todo esto se lo cuento a Nancy, pero parece que mientras lo hago estoy dándole vida al recuerdo. Luego entramos en una casa, muy de pueblo, y hay una señora con un vestido blanco y yo le advierto a Nancy que no comente nada de Elvis ni de lo que le he dicho, pues esa señora es prima suya. No es una mujer joven, sino pasados los cincuenta. Nancy comprueba lo que le he dicho y se sorprende.

LAS PUERTAS DE LO OCULTO

Un día, una tarde, toqué afanosamente el timbre de una vieja casa habanera. Pero sólo me contestó el ladrido de un perro. Iba a marcharme, cuando oi la voz de una anciana que acudía presurosa a abrir, mientras calmaba al animal. Entonces, como en un escenario teatral, la vi descender las escaleras e inclinarse curiosa sobre la reja de hierro labrado que la separaba de mí. Casi una visión de otro siglo, de ése en el que me hubiera gustado vivir y en el que por razones inexplicables, a partir de cierta etapa de mi vida, comencé a sentirme tan cómoda, al extremo de que me pasaba largas horas en las bibliotecas y archivos metida de lleno entre papeles y libros de la época que me ayudasen a entender, por lo menos intelectualmente, el mundo que me fascinaba.

Se llamaba Mercedes Borrero, pero todos la conocían por Mercita. Había nacido en 1890 y para entonces ya estaba al borde de los ochenta; yo, en cambio, no había cumplido aún treinta años. Ese primer encuentro no fue, como lo esperaba, todo lo placentero que yo imaginé, porque Mercita no se sentía a gusto hablando de sí misma y yo la acosaba a preguntas. Yo quería saberlo todo de ella, de su familia, pero especialmente de su hermana Juana, un ser legendario que había muerto en 1896, en Key West, Florida, sin cumplir los 19 años.

Rimas, un bello libro de poesías, y cerca de un millar de fascinantes cartas de amor escritas a su novio, fueron parte de la extraordinaria obra que dejó esta joven, una de las artistas más completas que ha dado el universo, pues además del dominio de la escritura, pintaba y dibujaba como sólo pueden hacerlo los genios. Un día, cayeron en mis manos sus cartas de amor, recien publicadas entonces en Cuba, y quedé fascinada. Con cada palabra suya, con cada fervor, con cada ternura, yo iba develando los velos de una realidad que a partir de entonces dejó de ser un misterio para mí, pues me perteneció para siempre. Juana era una

Elvis: la tumba sin sosiego

artista pero, también, una muchacha de fin de siglo, en medio de un país en guerra por su independencia; una muchacha enamorada; un ser lleno de pasión, tormento y romanticismo, que era capaz literalmente de escribir con su propia sangre. Yo sabía que tenía que escribir sobre ella, necesitaba hacerlo; necesitaba trasmutarme en esa muchacha que era entonces un símbolo de vida y muerte para mí. Pero Juana, por esa epoca, era todavía una incógnita. Había muerto muy joven y "muy poco"se sabía de ella a no ser por sus cartas, sus poemas y sus cuadros. Es decir, si yo quería reconstruir su mundo, escribir su biografía, y "devolverla" a la vida, tenía que comenzar por investigar de primera mano entre lo que quedaba de ese siglo.

Por eso estaba allí ahora, frente a la únicia persona sobreviviente que la había conocido: su hermana. Cuando me hizo pasar a la sala de su casa y me acomodé frente a ella en un sillón francés, supe que había entrado a otro mundo, que mi vida espiritual tomaba un rumbo distinto; que aquel sitio y aquella anciana me permitirían asomarme a la puerta de lo desconocido, de lo que no se ve y se siente, de lo vivido en una aparente inconsciencia. Sin los ojos de Mercita yo no hubiera tenido acceso quizás a ese otro Elvis Presley. Ella me dio su mano y me guió y, gracias a ella, Juana y Elvis se instalaron en mi mundo. Explicaré cómo.

La espaciosa sala de Mercita Borrero estaba decorada con la espontaneidad que da el vivir entre libros, cuadros, estampas de diosas orientales y recuerdos vitales que ella almacenaba en cajas de cartón, a veces visibles, a veces, no. En medio de aquel ambiente, sobresalían a la entrada, junto a la escalera, los cuadros de Juana Borrero, de modo que la casa era en sí misma un museo vivo. Y estaba Mercita, un personaje de dificil descripción, que resumaba energía, a pesar de que era una anciana escualida y enferma, completamente sorda, a quien no le servía de mucho aquel aparatico que entonces usaba en su oido izquierdo y que ella no cesaba de trajinar, haciendo más dramática su situación auditiva. En aquella sala se respiraba siglo XIX, pero también un presente cada vez más remoto que asomaba en los detalles acumulados en cualquier esquina o cualquier pared. Mercita había vivido intensamente, luego lo supe. En ella se resumía de modo muy especial ese genio que abundaba en la familia de los Borrero —todos poetas, todos artistas—, y yo atribuía su sobrevivencia, por encima del resto, a una misión. Gracias a ella, las cartas de amor de Juana fueron publicadas, al igual que sus poemas, y gracias a ella, con su memoria prodigiosa y su cajones de recuerdos y recortes, yo

Elvis: la tumba sin sosiego

pude —tras seis años de investigación y regulares visitas a su sala—, armar la biografía de esa artista prodigiosa que se llamó Juana Borrero.

Pero la misión de Mercita no parecía terminar ahí, sino que durante todos esos años ella se encargaría de guiarme, a través de su fructífera y peculiar conversación, en un mundo totalmente desconocido para mí, el del esoterismo y las corrientes religiosas que se habían enriquecido en el orientalismo. Mercita misma era la sincretización de todo eso: teósofa a su modo, católica liberal en algún momento superado ya, budista, no era sin embargo una practicante de ninguna religión —a pesar de que mantenía su fe en Dios—, y mucho menos hacía proselitismo de sus ideas. Se limitaba a prestarme todos esos libros que ella había leido en su tiempo y que entonces me parecieron algo insípidos y densos. En realidad lo que más me conmovía era su charla vital sobre sus experiencias en torno a esos "fenómenos", o cómo había influido en ella la señora Blavatski o los Maestros Ascendidos de que me hablaba siempre. Su contacto con el mundo espiritual, —para ella, la cosa más natural del mundo—, era lo que más me fascinaba de su vida. Lo real para Mercita existía en otra dimensión para la que debíamos prepararnos. Por eso me avituallaba con aquellos libros que iban desde teosofía hasta numerología, pasando por supuesto por su adorado Buda, los yogis y las diosas chinas.

Encontrarse con seres que habían fallecido cien o doscientos años, o hablarme de sus antiguas reencarnaciones, constituían parte habitual de su sabrosa conversación, que yo disfrutaba con el fervor de Sherezada, la de los *Cuentos de las mil y una noche*.

Sin embargo, creo que le fui cogiendo el gusto a aquellos libros, inspirada por la emoción de las anécdotas de mi amiga, que no me eran tan ajenas, porque siempre he sentido junto a mí la presencia de otro plano dimensional, lleno de premoniciones y sueños. Así que cuando una de esas tardes le oi hablar por primera vez del Conde San Germán, no me cogió tan de sorpresa, aunque aquella historia me pareciese realmente maravillosa y no dudase en creérsela; en principio, porque para entonces Mercita y yo habíamos desarrollado una verdadera compenetración, a pesar de que nos separaban tantos años.

Tratando de encontrar razones válidas sobre las que sustentar esta familiaridad entre ella y yo, a veces intentaba insinuarle si no sería yo la reencarnación de su hermana. Juana era de tez más bronceada que la mía, de pelo muy negro y con un aire romántico, que la moda y alguna fotografía de la época acentuaban. Pero Mercita decía que no, que nuestra compenetración venía por otro lado. Y fue entonces que un día me sorprendió con un recorte de

Elvis: la tumba sin sosiego

revista, de finales de siglo, donde aparecía un poema, "A Belkis", firmado por Esteban Borrero, el padre de Mercita y Juana. ¿Preconición, pura coincidencia?

La anécdota de aquel Conde San Germán, sin embargo, me pareció la prueba mayor de que debería existir una realidad extrasensorial desconocida para la mayoría de la gente, y fue tan vívida la descripción que Mercita me hizo entonces de ese personaje, que no la he olvidado.

Era el año 1926 y se celebraba en La Habana la Conferencia Panamericana, que entonces revestía características únicas, pues no eran frecuentes este tipo de reuniones de presidentes para tratar los problemas del hemisferio. Los periódicos de la época le otorgaron la importancia merecida y la prensa no cesó de hablar del evento. Sin embargo, entre todos los personajes que acudieron a la conferencia, hubo uno que según Mercita asistió con una misión celestial.

Se trataba de un hombre alto, esbelto pero de complexión fuerte, con el pelo muy negro y ojos azules, que vestía un impecable traje blanco de lino, y se expresaba con el lenguaje sencillo y elegante de los hombres refinados. Mercita lo oyó pronunciar un brillante discurso y luego, a la salida, él se le acercó y tras saludarla con una inclinación de cabeza, le besó la mano y se presentó como el Conde San Germán.

Luego de desaparecer tan intespectivamente como había aparecido, Mercita pudo constatar con otros asistentes —menos afortunados que ella, sin embargo— que todo el mundo se preguntaba quién era ese ser que mientras hablaba al público irradiaba una especial luz a su alrededor.

Desde aquella tarde en que Mercita me contó su encuentro en La Habana de los años veinte con el Conde San Germán, el personaje había ido tomando cuerpo en mi imaginación, pero no sería hasta hace un tiempo en que volvería a saber de él, esta vez relacionado con otra persona: Elvis Presley.

REGRESO DEL CONDE SAN GERMAN

En este complejo mundo de difícil acceso, y en el que mi amiga Mercita Borrero vivía y parecía moverse a maravillas, la figura legendaria del Conde San Germán se explica por sí misma. Se han escrito innumerables ensayos sobre el Conde San Germán, pero lo único seguro sobre él es que nadie sabe a ciencia cierta su verdadero nombre y su lugar de nacimiento. A lo más que se ha llegado con certeza es a asociarlo a la famosa Madame de Pompadour, amante de Luis XV, rey entonces de Francia. Según cuenta en sus *Memories of Madame du Hausset*, la dama de compañía al servicio de la Pompadour, el Conde San Germán tenía libre acceso a lo salones privados de la cortesana y en más de una ocasión la conversación entre ambos giró en torno a los supremos poderes que ya comenzaban a atribuírsele. De acuerdo a algunos, San Germán procedía de Alemania donde ganó fama y dinero vendiendo un elixir de eterna juventud, pero otros le han atribuido una variada gama de nacionalidades, incluidas la italiana, la española, la polaca, hasta ser de hijo de un judío portugués. Esta última teoría es la que más adeptos tiene y se dice que nació alrededor de 1710. Lo cierto es que la mayor parte de su vida la pasó en Francia, y fue allí, con su encanto personal y la leyenda de hombre inmensamente rico, que hablaba media docena de idiomas y poseía un elixir que lo mantenía eternamente joven, donde logró codearse con la aristocracia y llegar incluso a cultivar la amistad del Rey. La creencia popular de que había vivido ya cientos de años cuando llegó a París no tiene asidero mas que en la imaginación de la época, pues es notorio el argumento de que el siglo XVIII fue un siglo escéptico en todo, menos en el ocultismo. La alquimia, o el poder de trasmutar los metales en oro, había encontrado también su camino a través de muchas teorías prevalecientes entonces, entre las que la existencia del elixir de la eterna juventud, tenía fuertes adeptos.

Elvis: la tumba sin sosiego

Quizás, el hecho mismo de que no desmintiese ni afirmase nada, hicieron crecer en su tiempo la leyenda de este oscuro, misterioso y encantador personaje que se hacía llamar el Conde San Germán. Pero poco se ha dicho o investigado en torno a él que no lo situe como una figura extraordinaria. Esa misma personalidad lo hizo merecedor de intrigas y envidias, como la de suponérsele que fue un espía pagado, al que se le arrestó en Londres, en 1743, donde ejercía como embajador. Lo cierto es que la figura del Conde de Montecristi, que dio origen a la novela de igual título de Alejandro Dumas, padre, está inspirada, dicen, en el Conde San German. No olvidemos que el gran escritor frances Voltaire envió en 1758 una carta al Rey de Prusia acusando al Conde de San Germán de ser un espía: "(...) es el hombre que nunca muere y que todo lo sabe", d i j o .

Las características más conocidas de su extraña leyenda, la de un hombre de gran fortuna de origen desconocido, que hubiese vivido más de quinientos años y se conservase joven, amante de las joyas, al extremo de exhibirse sobrecargado de ellas, lo ponían en la mirilla de muchos ojos envidiosos de la época. Pero nada de esto impedía que esa misma leyenda se fuese agrandando en el tiempo. La propia dama de compañia de Madame Pompadour relata en sus memorias cómo un dia "The Count came to see Madame Pompadour, who was very ill, and lay on the sofa. He showed her diamonds enough to furnish a king's treasury..." y cómo luego él, ante el descreimiento de que fuesen auténticos, le regaló una hermosa cruz de piedras verdes y blancas que debían valer entonces unas mil libras.

Estas historias y muchas otras se entrelazan perfectamente con la idea de que era uno de los Grandes Maestros de que hablan los ocultistas. Algunos, incluso, le atribuyen una activa participación en la sociedad secreta de los Rosacruces o en alguna otra, tan de moda entonces. Su conocido encuentro con el famoso ocultista Cagliostro, se asegura, parecería más bien un rito de iniciación en algunas de esas órdenes secretas. Pero nada hay de cierto, ni siquiera el año de su muerte, que algunos suponen en 1782, luego de haberse marchado de Francia.

En la biblioteca de Troyes, en Francia, se enciuentra el único escrito suyo que le sobrevive, *La Tres Sainte Trinosophie*, lleno de aseveraciones críticas e imposibles de descifrar, donde relata sus viajes astrales y otras muchas experiencias que pertenecen al campo del más puro ocultismo. Pero en el plano terrenal, San Germán fue sin duda un notable artista e inventor, recordado por muchos como tal. Se sabe que además de su capacidad para conocer las lenguas, tocaba a la perfección el piano y el violín,

Elvis: la tumba sin sosiego

había compuesto varias obras musicales, entre las que sólo se conserva el aria de la ópera "*L'inclostanza Delusa*" y tenía una excelente voz de barítono.

Conny Méndez, compositora y escritora venezolana, que fundó El Movimiento de Metafísica Cristiana, escribió ámpliamente sobre el Conde San Germán y sus pasadas reencarnaciones. De acuerdo a las "pruebas" que aporta, el Conde fue también el Príncipe Rakoczi, pues según las manifestaciones de uno de los Maestros de la Hermandad Blanca (fundadores de la Sociedad Teosófica): "El Maestro que se ocupa especialmente del futuro desarrollo de Europa y despliegue mental de Europa, es el Maestro Rakoczi. Es húngaro y tiene su morada en los montes Cárpatos, habiendo sido en un momento dado una figura muy conocida en la corte húngara... También se ocuparon mucho de él cuando fue el Conde de San Germán. En la Logia de la Fraternidad Blanca se le llama usualmente "El Conde", y en America actúa como Administrador General en los planes de los Hermanos Mayores, puede decirse que actúa como encargado de llevar a la práctica, en el plano físico, los planes de Cristo".

De acuerdo a Conny Méndez, el Conde San Germán habría sido también San Albán, primer martir inglés; Proclus; Robertus el Monje, Roger Bacon, el Monje Médico; Christian Rosenkreutz, fundador de la Orden de los Rosacruces, y Francis Bacon, político y filósofo.

La personalidad misteriosa de San Germán ha llegado hasta nuestros días de modos muy diversos, pero constantes. En 1920, Guy Ballard dijo haberse encontrado con el Conde en el Monte Shasta en California. A partir de entonces, promovió un Movimiento,"I AM", de triste recordación en el país, pues llegó a amenazar de muerte al entonces presidente Franklin Roosevelt y se declaró de tendenclia fascista. En 1972, por su parte, Richard Chanfray, un francés, apareció en la televisión de su país y trató de probar que él era el Conde San Germán, al trasmutar exitósamente frente a las cámaras de televisión un pedazo de plomo en oro, usando solamente una simple hornilla.

La idea de que el Conde San Germán no murió nunca y que utilizaría prestados otros cuerpos en diferentes ocasiones para llevar adelante sus propósitos o misiones en la Tierra, ha dado pie a que más de un charlatán reclame su identidad. Pero el misterio y la belleza que gira todavía hoy en torno a su figura me llamó poderosamente la atención cuando, leyendo y estudiando la vida de Elvis Presley, descubrí algunos datos curiosos que sustentarían una de las teorías de la sincronización, de que tanto gustaba el sicólogo y estudioso de los fenómenos parasicológicos, Jung.

Elvis: la tumba sin sosiego

Las coincidencias son fascinantes. Empecemos por el principio. Y ese principio no es otro que Racokzi. De acuerdo a Larry Geller, estilista de Elvis y estudioso de todo lo espiritual y esotérico, la idea de los cuellos altos que usaba el Rey del Rock and Roll habían sido inspirados en los dibujos que vio en *Through the Eyes of the Masters: Meditations and Portrays*, de David Anrias. Es el dibujo en especial de Rackozi quien le sugiere a Elvis el estilo de sus famosos cuellos.

Resulta curioso el hecho de que una de las vidas pasadas de San Germán haya sido precisamente la de San Albán. Albán tendría quizás la misma raíz remota del nombre Elvis. Variantes de ambos son Alvis, Alves, Elves, Alva, Alvin, Alvis, y las palabras Albo, Alba, Album, entre muchas otras.

Más inquietante aún es que el propio Elvis, de acuerdo con lo que señala Larry Geller en su libro *If I Can Dream*, hubiese despertado desde muy niño, a través de su madre, a las inquietudes metafísicas, como señala el autor al confiarnos las propias palabras de Elvis: "(...) the very first time I ever heard about the Almighty I Am was from her when I was a little kid. She believed in the supernatural and the Holy Spirit. She was mystical, man. She just naturally knew things. She raised me on it".

Y el que Elvis se preguntase a cada momento "Why I am Elvis? Why I am picked to be Elvis Presley, to be put in the position I'm in, and to have the kind of ministry I have?" habla de esa fuerte inquietud que lo acosaba. Es el propio Elvis quien, según cuenta Larry, parece responderse a sí mismo: "You know, my fans! That's it. I'm not an evangelist. I'm an entertainer. That's how God has used me to get the message across, not by preaching, but by using the universal language of music..." Fue precisamente ese "lenguaje" el que ha permitido, tras su desaparición, que su mensaje espiritual y su leyenda hayan encontrado cada vez un eco mayor. Muchos aseguran que su música tiene poderes curativos, que su voz vibra armoniosamente con el universo, que su imagen reproducida en miles de fotos, a través de periódicos y revistas, puede sanar a los enfermos, consolar a los afligidos. Y nadie duda de que sus fanáticos siguen manteniendo con él una relación que tiene mucho de la devoción espiritual con que nos acercamos a las figuras religiosas.

La imaginación popular tiene un modo noble, aunque ingenuo, de acercarse a los mitos: los devora, los hace suyos y luego los devuelve a la vida trasformados a imagen y semejanza de sus necesidades. Mucho de esto ha sucedido con Elvis Presley, el muchachito pobre, que saltó a la fama para hacer realidad el sueño americano. Pero su hermosa leyenda forma parte también

Elvis: la tumba sin sosiego

de la mitología religiosa, de los hermosos dioses del Olimpo griego, del mito de Orfeo, o gira oculta en las sociedades secretas, donde "Los Adeptos —segun señala Conny Méndez— no tienen necesidad alguna de reencarnar para poder circular en la Tierra y entre los hombres. Si es que tienen que entrar en nuestra atmósfera por un tiempo corto, hacen denso el cuerpo etérico y por consiguiente visible a nuestros ojos físicos, o si es que tienen que cumplir una misión de larga duración, digamos de unos meses o unos años, ocupan un "cuerpo prestado", lo cual requiere el gasto de mucho menos energía que el sistema anterior".

Y no menos oscuro y legendario es lo que cuenta la señora Méndez cuando San Germán ocupó el cuerpo del Príncipe Racokzi al ser éste declarado oficialmente "muerto", pues se cree que estaba fingiendo ante los que lo rodeaban. "Nada de extraño tendría —dice Conny Méndez— que el Maestro hubiera fingido morir, ya que sabemos de otras dos ocasiones en que así lo hizo".

¿No se parece esto a alguna de las hipótesis que han estado circulando desde hace años en torno a la, para muchos, fingida muerte de Elvis Presley? No puedo menos que recordar la descripción que me hiciera Mercita Borrero de aquel elegante caballero que allá por los años veinte se apareció en La Habana y dijo llamarse el Conde San Germán. Alto, de ojos azules, tez bronceada y pelo muy negro, describen muy bien a Elvis. Y su "muerte" y sus posteriores "apariciones" parecerían formar parte ahora también de la leyenda del Conde San Germán. Si a esto añadimos que ambos tenían pasión por las joyas, por lo esotérico, y amaban la música y cantaban, tendríamos derecho a soñar que Elvis podría ser ese nuevo "cuerpo prestado" en el que el Conde habría buscado refugio para ayudar al desarrollo espiritualitu de la humanidad.

¿Recuerdan aquel "I AM, I WAS" de Elvis en su último concierto, el 26 de junio de 1977? ¿Era él o el Conde quien, desde lo profundo de su ser, hablaba con Dios?

A ratos, me gusta imaginármelo así, una especie de Conde San Germán, recorriendo los pueblos, visitando ciudades legendarias, hablando con la gente y llevando su mensaje de amor a Dios, sin que apenas lo adviertan. Un hermoso caballero que se pasease entre la multitud, como ese aire que sacude las hojas de los arboles en la monotonía de las tardes.

SUEÑO DEL 4 DE FEBRERO DE 1992

De una cajita de cartón, de regular tamaño (quizás, 12" x 14") yo saqué dos camisas de Elvis. Una de ellas era de color rosado, tenía mangas largas y algún diseño de flores o algo que se le parecía. Era muy bonita. La otra, de mangas cortas, era amarilla claro, muy linda también y con algunas pintas de otros colores, pero sobresalía sobre todo el amarillo. La talla de ambas era la de un hombre alto, cuyo peso oscila entre las 180 y 190 libras. Junto a las camisas iban apareciendo unos trozos de cartón cortados en figuras geométricas, como circunferencias y triángulos. Eran de color marrón, como el cartón de la caja, y su aparente y única función era la de rellenar los espacios entre las camisas. Pero quizás eran un símbolo de algo que se me escapa. Tengo la impresión de que aquella caja la había traido conmigo al regreso de algún viaje. En mi sueño, alguien quería probarse las camisas, con intención de usarlas si le quedaban bien. Pero yo le rogaba que no lo hiciera. Recuerdo que le dije: "No se ponga esas camisas. Son de un muerto". De acuerdo a Edgar Cayce y sus interpretaciones de los sueños: "Quality materials and clear beautiful colors are usually positive symbols".

JUANA BORRERO Y JON BURROWS

Cuando en 1976 terminé de escribir la biografía novelada de Juana Borrero, tras seis años de ardua investigación y búsqueda, no podía sospechar que mi personaje de entonces, la muchachita muerta prematuramente en la Florida, a principios de 1896, iba a volver a hacer de nuevo su aparición años después, junto a una figura de la magnitud de Elvis Presley. ¿Quién o qué hizo posible que un día descubriese yo esa curiosa relación entre el nombre de Juana Borrero y ese otro que usaba con frecuencia Elvis para protegerse en el anonimato, y con el que según algunos, continúa viviendo en algún ignorado sitio de Estados Unidos? Me refiero al de Jon Burrows. A simple vista es posible observar que Juana es el fenenimo en español de Jon. ¿Pero qué tienen que ver Borrero y Burrows?

Veamos: Borrero, en francés, es Bourreau, que significa ejecutor de justicia, o más simplemente, verdugo. Borough (que también se escribe Burrow) definía antiguamente en Inglaterria un grupo de casas fortificadas, formando un pueblo con su propia jurisdicción y privilegios. En Estados Unidos la accepción local dice que se trata de una forma de corporación municipal que en general funciona como una aldea o pueblo incorporado.

No es ocioso señalar que la palabra *bureau* (en inglés, departamento de gobierno u oficina) y *bureaucracy* (sistema de gobierno controlado por un jefe, o empleados de gobierno) tienen todos un origen común.

¿No es pues extraña la "coincidencia" de que Borrero, o *Bourrieau* (en francés), que significa empleado de gobierno que tiene la misión de hacer cumplir la justicia, esté relacionado con el apellido Burrows (o su otra forma de deletreo, Borough), que en una de sus acepciones, quiere decir oficina de gobierno, y de donde también deriva la de empleado de gobierno?

Descubrir esta coincidencia añadiría una nueva prueba a las

Elvis: la tumba sin sosiego

muchas que parecerían hablar de extraños mundos relacionados entre sí sin que apenas sepamos por qué. El creer o no en la ley kármica de la reencarnación es lo que menos importa aquí a la hora de juzgar estas rarezas. Pero un estudioso de dicha teoría podría señalar que quizás Jon Burrows (léase Elvis Presley) sea la reencarnación de Juana Borrero, una poetisa cubana del siglo XIX, con una vida tan tormentosa y apasionada como la del famoso cantante.

Para añadir leña al fuego, copio aquí estas líneas de una carta de Juana Borrero a su novio: "(...) Para unos soy una mora, para otros hebrea y para ti una *india* joven". Nótese que he subrayado la palabra india y no es gratuito. En efecto, Juana tenia, c!omo ella dice en otra parte de la carta, "un tipo indio". Cosa rara en Cuba, donde no existen sobrevivientes indígenas. Lo cierto es que ya sabemos que Elvis tenía sangre india y que su tatarabuela era una *cherokee*.

A pesar de pertenecer a dos culturas distintas, no resulta difícil atribuirles a ambos temperamentos muy parecidos. Juana, como Elvis, desbordaba sensualidad y, también como él tenía a ratos ideas ascéticas sobre el sexo. En más de una ocasión la joven le propuso a su novio un *"matrimonio blanco"*, es decir, un matrimonio sin sexo. Y es conocida la actitud de Elvis de mantenerse asexuado en varias etapas de su vida, como una forma de purificación espiritual. ¿Alguna otra coincidencia? Sí, Juana Borrero nació en 1877, exactamente un siglo antes de que, en 1977, se produjese la muerte de Elvis Presley. Extraño también es el hecho de que Juana viniese a morir a Key West, la parte más al sur de Estados Unidos, poco tiempo después de que su familia, acosada por las autoridades españolas que entonces gobernaban en la isla, se viera precisada a marcharse al exilio. Y ahí han permanecido sus restos, en una tumba que seguramente carece de sosiego, pues el novio idolatrado murió un año después que ella, entregado a la lucha por la independencia de su país, y sus restos se perdieron para siempre en la isla de Cuba.

Extrañas historias todas de tumbas sin sosiego.

EL SUR Y EL TROPICO

El Sur y el Trópico son lugares comunes de un mapa. Y hay gente que no sabe más que vivir en esos sitios, que crecen como ese árbol que echa raíces y ramas en un pedazo de tierra. Gentes como Elvis. Su casa es un planeta donde caben hasta el cielo y las estrellas. Nunca he visto a nadie como él, que haya pensado tanto su mundo.

Fabricante de sueños, comenzó soñándose a sí mismo. Pero, ¿de cuál tomó la imagen de los últimos años?¿Capitán Marvell, su *comic* preferido; o el Príncipe Valiente, o quizás un torero con su traje de luces?

Tengo una imagen conmigo: es julio en Santiago de Cuba, una de mis ciudades, y la gente se prepara para el carnaval, en un espectáculo callejero, de pueblo, con grandes y atronadoras masas moviendo sus enormes tambores africanos y su exquisito "cornetín chino" (una innovación santiaguera). Los recogedores de basura andan de puerta en puerta pidiendo dinero para cubrir los gastos de vestuario de la famosa y también temible conga de Los Hoyos, una especie de comparsa que lleva el nombre del barrio de donde proceden. La mayoría son negros curtidos y fuertes, que por el día realizan los trabajos más indeseables, y por las noches, cuando no hay carnaval, beben ron y cantan y bailan en ese ambiente de marginación social en que por lo regular viven.

Con el dinero recolectado en los otros barrios en que salen a trabajar, se han comprado lo necesario para sus trajes de carnaval: tafetanes rojos, azules, amarillos o negros y pedrería falsa. Cuando la conga pasa bailando y arrollando (un estilo de baile que consiste en arrastrar los pies al ritmo de los tambores) por las calles santigueras, los veo envueltos en sus hermosas e improvisadas capas. Largas y trabajadas capas de tafetán en los colores mas variados, donde resaltan cientos de piedras.

El Elvis de las Vegas me recuerda a los hombres del carnaval

Elvis: la tumba sin sosiego

de Santiago; ambos parecen haber escarbado en las raíces profundas del sol. Son hijos de un mismo árbol, sin saberlo. Y de ese árbol han salido también los toreros, los príncipes de los cuentos de hadas, los magos de capa y espada, los caballeros medievales. Todos de un mismo sueño.

Elvis: la tumba sin sosiego

UNA CARTA PARA ELVIS

No podría decir con exactitud la fecha, pero tiene que haber sido a mediados de 1962, cuando un día le escribí a Elvis —a los estudios de Hollywood— solicitando una foto autografiada. Pero no me contradigo cuando señalo que a partir de que entrase en el ejército, no supe más de Elvis hasta el día de su muerte. Diré por qué. Yo tenía entonces veinte años y aunque ya había comenzado a escribir poesía, era todavía la adolescente de siempre y me entusiasmaba la idea de lograr esa foto suya autografiada; un modo quizás de sacar la cabeza, decidida a no dejarme vencer por la asfixiante situación política en Cuba. Muchas cosas terribles habían ocurrido desde que la Revolución llegó al poder: la explosión del barco La Couvre, cargado de armas y dinamita; la ruptura de relaciones con Estados Unidos; la invasión de la Bahía de Cochinos; la declaración por parte de Fidel Castro del estado socialista; la salida al exilio de miles de cubanos. Y en medio de ese estado de inquietud, no supe bien por qué, decidí escribir aquella carta.

Ahora, que he ordenado en mi cabeza todas las extrañas cosas en torno a Elvis, y su figura parecería ser una constante en varias etapas de mi vida, puedo imaginar claramente qué sentido espiritual tenía para mí aquella carta. Aunque en apariencias se trataba tan sólo de una joven admiradora más, los motivos que me impulsaron a comunicarme con Elvis me son ahora más óbvios que nunca: en medio de la tensa situación política por la que atravesaba mi país, y la propia desesperación en que me sentía sumida, aquel reclamo de la foto y el autógrafo eran un evidente grito de auxilio a ese ser al que me unían, sin saberlo, lazos espirituales.

Pero Elvis no me envió ninguna foto, o no creyó conveniente entonces responder a mi carta. En cambio, hace un tiempo, al leer

Elvis: la tumba sin sosiego

el libro de Becky Yancey, *Mi vida con Elvis*, descubrí—con sorpresa— que mi carta no había caido en el vacio, y me llenó de alegría tardía saber que seguramente Elvis tuvo entonces conocimiento de mi carta, dadas las circunstancias que la rodearon: "Many letters —dice Becky Yancey, una de las secretarias de Elvis— were addressed properly but were impossible to read because of poor penmanship. Others were in foreign script. Mail arrived daily with letters written in Japanese, German, Korean, Portuguese, French and others languages incomprenhensible to the Graceland staff. *During the crítical days* — continua diciendo Yancey— *a letter written to Elvis in Spanish arrived from Cuba. Somehow it got through Castro's censors and the Americian Naval blockade.*".

El que la carta llegase durante la Crisis de los Misiles y el bloqueo de la armada de Estados Unidos a Cuba, podría ser sólo un hecho más, entre los miles de esta naturaleza que se producen cada día. Pero fue el sicólogo suizo Carl Jung quien estudió y describió en primer término el verdadero sentido de lo que llamamos coincidencia y que él acuñó como sincronización, o hecho que ocurre sin causa aparente.

El caso de mi carta a Elvis y su arribo en circunstancias tan especiales, demuestran una vez más que estabámos perfectamente sincronizados en tiempo y espacio. De las miles de cartas que Elvis recibía a diario, y que pasaban tan sólo por las manos de la secretaria, ése era el único modo en que podía encontrar la vía directa hacia su destinatario. En medio de una crisis mundial como aquélla, donde estaba en juego la sobreviviencia del planeta, mi carta se convirtió en un grito de auxilio que había traspasado todas las barreras para encontrarlo a él. Como diría Jung, la sincronización no tenía nada de casual.

Y me regocija saber ahora que de seguro supo Elvis de mi carta, aunque los censores de Castro no hicieron posible que me llegara su respuesta.

ELVIS, EL EGIPCIO

Creo que Elvis no analizó nunca sus conecciones con el mundo egipcio, aunque fuese un hombre con una sensibilidad especial para "pensarse a sí mismo". Sus lecturas esotéricas que lo relacionaron de modo indirecto con el espiritualismo del este —Madame Blavatsky, C. W. Leadbeater, Morya, Alice Bailey, Kahlil Gibran o Paramahansa Yogananda— habían contribuido a expandir su conciencia, pero hasta agosto de 1977, por lo que sabemos, andaba aún a la búsqueda de su "verdadera identidad".

Como todo apasionado, solía hablar de sus experiencias místicas con la convicción del que está trayendo luz a la mente de los otros. Y sin dejar de leer constantemente la Biblia, había sumado esos otros libros en los que se sumergía cuando el mundo externo le parecía incomprensible. Mucho se ha hablado sobre sus peculiares cambios de estado de ánimo, sobre su capacidad de aburrirse con demasiada frecuencia, lo que le hacía estar a la caza de nuevas fuentes de entretenimiento. Pero nadie ha explicado cómo era posible que Elvis se mantuviese concentrado durante horas leyendo libros de metafísica, ocultismo y numerología, todos de difícil asimilación. De esta capacidad suya para la abstracción, el análisis y lo meditativo nadie parece haber hecho referencia. Cosas muy diferentes son creer en el mundo sobrenatural, en fantasmas y aparecidos, en la existencia de la vida después de la muerte y, otra, el estudio y la lectura sistemática de los libros de filosofía, religión y metafísica.

En cuanto a su relación inconsciente con el mundo egipcio, habría que comenzar por señalar las extrañas circunstancias que lo rodean desde adolescente: en principio, la ciudad de Memphis, bautizada en honor de otra, la capital de los faraones de Egipto. Cerca de la Memphis original, visitada cuatrocientos años antes del nacimiento de Jesucristo por el famoso historiador Herodoto,

Elvis: la tumba sin sosiego

se alza una de las siete Maravillas del Mundo, la Gran Pirámide de Giza, que contiene a su vez la tumba del faraón Cheops. Preside con su misterio la famosa Esfinge, cuyo significado permanece aún en la incógnita.

Aunque nada queda hoy en pie de lo que originalmente se consideraba una ciudad de esplendorosa belleza, Memphis sigue albergando la memoria de una capital habitada entonces por faraones, junto a un río histórico, el Nilo, y a escasas diez millas de navegación de El Cairo, la actual capital egipcia.

Podrán parecer trivialidades, pero no son menos curiosas estas coincidencias que cualquiera podría advertir entre Elvis y lo egipcio. Por ejemplo, el hecho de que se le haya llamado siempre el Rey del Rock and Roll, un título que acarrea cierta especial "nobleza", la más alta en nuestra escala de valores occidentales, tiene una significación muy especial, en una ciudad que ha tomado su nombre de la de los faraones.

La palabra Pharaoh no puede pasarse por alto. Faraón —y me refiero aquí a su acepción en español— lleva en sí un Aron que, como todos recuerdan, es tambien el segundo nombre de Elvis, y un faraón, repito, es el equivalente a un rey de nuestros días.

Los egipcios adoraban al sol, llamado el dios Aton. Elvis comenzó su triunfal carrera como cantante en los estudios de la pequeña compañía disquera Sun, y desde entonces el símbolo de ese sol amarillo estuvo asociado a su figura. De acuerdo a lo que nos dice Elizabeth Payne, en *The Pharaohs of Ancient Egypt*: "There were were no estatues or images of the Aton at all. The god was merely symbolized by a painting or carving of the sun, from which rays descended earthward, each ray ending in a hand or *hankh*, th Egytian symbol of life".

¿No usaba Elvis con frecuencia aquél colgado al cuello y otros símbolos egipcios, al igual que varias sortijas, entre las que se destacaba una con la famosa Esfinge? ¿No había en su figura misma un exotismo de difícil clasificación? ¿No había cambiado, por voluntad propia, el color de su pelo del dorado al negro?

La idea de hacerse enterrar en el jardín de su propia mansión es un privilegio sólo imaginable entre reyes. Sea o no cierto que su cuerpo yace bajo aquella lápida de bronce en el Jardín de la Meditación, todo ese conjunto de tumbas familiares tiende a hacernos recordar un monumento funerario sólo digno del estilo de los faraones, los únicos que inmortalizaron sus cementerios privados.

En medio de estas similitudes, encontré la reproducción de una escultura que representa a Merneptah, el llamado "Faraón del exilio", del que habla el Viejo Testamento en relación a la sali-

Elvis: la tumba sin sosiego

da de los israelitas de Egipto, y sobre el que Jehova envió las plagas. La escultura lo muestra como un hombre de aspecto juvenil y rostro hermoso; los labios gruesos, los huesos de las mejillas, el óvalo del rostro y la línea de la nariz recuerdan enormemente a un Elvis casi a punto de salir de la adolescencia.

Merneptah fue un personaje enigmático, traicionado por los suyos, muerto en circunstancias no claras, y que sin embargo, recibió honores reales. Porque la historia es un tapiz donde se entremezclan realidad y desmesura, verdades y mentiras, resulta casi imposible establecer con precisión quién fue Merneptah. Se dice que gobernó en Egipto alrededor de 569, A.C. y que murió en 1211 A.C., a manos de su enemigos. En Jeremías (44:30) se profetizaba contra el Faraón Hofra, que era, dicen, el otro nombre con el que se le conocía. Herodotos también nos cuenta la batalla final de Merneptah contra el ejercito de Lybia, luego de rebelársele, y cómo fue traicionado por Amasis, su propio general, quien se erigió entonces en rey. Tras su captura, Amasis lo mantuvo en su palacio, donde se cree que finalmente lo asesinaron.

Estudios recientes practicados con rayos X en su momia dan casi por seguro que un agujero encontrado en el cráneo de Mernepath es resultado de la muerte violenta que le inflingieron sus enemigos.

Me llamó la atención aquel parecido físico entre la escultura de Merneptah y el Elvis casi adolescente, pero sólo lo señaló aquí, no como referencia a alguna vida pasada del cantante, en términos de reencarnación, sino como otro dato más, en su relación con el Egipto antiguo. Y por eso también me atrevo a señalar lo que el doctor Walter Blomquist, un cientfico y matemático escandinavo que vivió varios años en Cuba, graduado entre otras de la Universidad de Columbia, en New York, dice sobre la Gran Piramide y Cuba.

De acuerdo al doctor Blomquist y según lo que escribió en 1948 en su *Homonomía (La Nueva Ciencia Cósmica)*, un libro histórico ya, y de difícil acceso, la Esfinge "era considerada por los egipcios, siguiendo una antigua tradición, como la imagen del Dios del Sol Naciente y símbolo de la inmortalidad. Por eso, la Esfinge está orientada de este a oeste, mirando hacia el sol naciente, y en línea recta con el ángulo sureste de la Gran Pirámide". Esto viene a confirmar aún más ese explícito simbolismo que veo entre Elvis, la idea del sol, la Esfinge en su mano y su inmortalidad artística.

Pero a los efectos de destacar aquí las conecciones espirituales que he encontrado entre Elvis y yo, y como un modo de entender mejor la razón de las mismas, cito a continuación un párrafo del doctor Blomquist que, además de profético (fue escrito en 1948,

Elvis: la tumba sin sosiego

muchos años antes de que llegara la revolución a Cuba), aclara quizás mejor que nada, por qué Elvis, un "rey" de la otra Memphis y yo, con mi nombre Egipcio y mis sueños y mensajes a través de todos estos años, y viviendo mundos apartes y diferentes, parecemos encontrarnos en un mismo terreno extrasensorial. El hecho mismo de que yo haya sentido la necesidad de investigar todo esto y de escribir este libro, mi búsqueda de los últimos años del "otro" Elvis, el que yo he recibido a través de sueños y mensajes, es ya de por sí prueba de que nada es gratuito y de que a nivel de la superconciencia estamos extrañamente conectados.

Blomquist cita, entre otros pasajes bíblicos, a Ezequiel en 26:18: "Ahora se extremecerán las *islas* en el día de tu caída; sí las *islas* que están en la mar se espantarán de tu éxito". Y continúa: "La Biblia se refiere muchas veces a estas "islas, pero la Gran Pirámide las señala con exactitud matemática. La posición central de la Gran Pirámide en la tierra de Egipto fue descubierta por el ingeniero norteamericano Henry Mitchell en 1868, quien también observó que el cuadrante septentrional de un círculo, con el centro en la Gran Pirámide, comprende matemáticamente el Delta del Nilo".

Detengámosnos en la palabra cuadrante. Según Blomquist, "el cuadrante fue utilizado en la Gran Pirámide para señalar el lugar del comienzo de la consumación de la obra celeste..."

Y ese cuadrante, apunta el matemático escandinavo, cae "en la isla de Cuba, tocando como punto más alto los Topes de Collantes. En la antiguedad —continúa diciendo Blomquist— cuando la Piramide poseía, aún intacto, todo su revestimiento liso, esta línea estaba iluminada por un rayo de sol, con un esplendor captable en todo Egipto, dos veces al año, en los meses de noviembre y febrero, como un indicador celestial, señalando dónde habían de aparecer los moldes cósmicos, cual matemática incorruptible de la plasmación del diseño cósmico".

La importancia del cuadrante es tal, recalca Blomquist, que los griegos lo esculpieron en una roca del Acrópolis de Atenas, y en la actualidad el cuadrante náutico sirve para señalar el rumbo al navegante.

Prefiero imaginar que ese "rayo de sol" que sale de la Gran Pirámide y atraviesa la isla de Cuba, es quizás de importancia capital para entender por qué se produce la conección cósmica entre Elvis y yo, y por qué estoy aquí ahora en la ciudad de Memphis, la otra, junto al Mississippi.

SUEÑO DEl 28 DE ABRIL DE 1992

Entro a un extraño sitio, separado del mundo exterior por una puerta vieja de madera y veo una escena de otra civilización. Una mujer que yo identifico enseguida como Gladys, la madre de Elvis, pero que tiene un físico distinto (mujer de unos cincuenta años y más bien delgada) me dice que estoy en presencia de una tribu de nómadas o algo por el estilo. Se trata de un sitio de altísimas paredes y un pasillo estrecho a cuyos lados se abren habitaciones igualmente altas. La característica del lugar es que paredes y suelo son de tierra muy apisonada, completamente lisa, de color cremoso. El lugar sugiere un laberinto, aunque yo sólo vea aquel pasillo. Hay una segunda parte del sueño en que yo regreso con un joven (que no identifico) y me encuentro de nuevo con Gladys. Ella vuelve a explicarme dónde estoy y finalmente me dice que es su hora de irse y que va a tomar su automóvil que esta afuera, y nos hace señas para que la acompañemos. Mientras la seguimos hacia el exterior, aparecen ante mis ojos —y a ambos lados del pasilllo— habitaciones de tierra apisonada donde hay niños y mujeres nativos, quizás nómadas mongoles o gitanos, no sabría precisar. Lo cierto es que al despertar he tenido la impresión de haber estado dentro de un templo egipcio o la tumba de algún faraón.

Días después descubrí, por pura casualidad, en un libro que mi hijo había traido de la biblioteca pública, una foto del interior de la Gran Pirámide. Enseguida reconocí el sitio, pues lo había visitado en sueños.

PROGRESION CONVERSA

No he sido nunca una entusiasta de la astrología, pero leyendo el libro de Larry Geller, *If I Can Dream*, descubrí que en la carta natal de Elvis aparecía el 15 de junio de 1942 como su fecha de *progresión conversa*. Movida por la curiosidad, ya que ese es el día de mi cumpleaños, investigué en la *Larousse Enciclopedia of Astrology* el significado de esas extrañas palabras. La enciclopedia dice que progresión y diriecc'ión son "Two closely related systems for timing events or predicting future conditions for a given individual based on the motions of the Earth and other planets in the days following (and sometimes preceding) birth. In both systems the positions of the planets, Ascendant, and Midheaven in the natal chart are moved forward (or backward) in time according to a given formula." Y que hay tres tipos principales de progresiones: secundarias o mayores; terciarias, y progresiones menores.

Para calcular las progresiones secundarias existe un método, llamado Ajusted Calculation Date (ACD), que simplifica la operación, y que resulta de suma utilidad incluso si no se tiene, como en mi caso, el más mínimo conocimiento de astrología: "To find it, one translates the difference between the birthtime and the time given in the ephemeris from hours and minutes into months and days. Secondary progressions are based on the formula "a day for a year." Since 24 hours are considered equivalent to 12 months, it follows that 2 hours are equivalent to 1 month, 120 minutes are equivalent to 30 days, and 4 minutes are equivalent to 1 day".

Pero como en este caso se trata de una *converse secondary progresion* "a day *before birth* in the ephemeris is considered equivalent to a year of life", y "In the case of converse progressions, one works with the converse ACD, which is found by adding instead of sustracting the correct interval from the birth date". Elvis nació

Elvis: la tumba sin sosiego

el 8 de enero de 1935, a las 3.34 A.M, hora del centro. Pero a los efectos de calcular su ACD debe encontrarse primero su G.T, o sea su hora del meridiano de Greenwich, que en su caso es 9:30 A.M. Entonces proseguimos con los cálculos: 9 horas equivalen a 4 meses y medio (5 meses), y 30 minutos corresponden a 7 días. Como se trata de una *progreisión conversa* añadimos cinco meses a enero, y siete días al 8, que es el día de su nacimiento, y vemos que su fecha de progresión conversa es el 15 de junio. De este modo también, en una *progresión conversa* cada día equivale a un año de vida, así que tenemos que añadir siete a 1935 —el del nacimiento de Elvis—, lo que equivale a 1942.

De acuerdo a su carta natal, cuando se produce esta *progresión conversa*, Elvis tenía siete años, y la luna avanzaba hacia el Ascendente. Lo curioso es que tenga esa edad, pues se dice que cada siete años se renuevan todas nuestras células; y si nos atenemos a lo que señala también la enciclopedia Larousse encontramos que "The progressed positions of the planets for a given date are sometimes entered on an outer wheel of a natal chart like transits, for comparision with their natal positions..."

Supongo que un estudio detallado de su carta natal y la mía podría arrojar luz sobre este hecho, ya de por sí curioso. Pero no soy, como he dicho, una experta en astrología, ni deseo apoyarme en esta "ciencia" para probar nada. Si algo hay de valioso en este esquema es lo que refiere la enciclopedia al señalar que la progresión está basada "on the actual orbital motions of the planets along the Ecliptic, whereas direction is based on the apparent motions of the planets as a result of the Earth's rotation on its axis." Y por supuesto en el hecho significativo de que "*whereas in directions, the bodies moves at the same rate of speed and in the same direction*".

A petición de Larry Geller, Dane Rudhyar, un famoso astrólogo y escritor, confeccionó en 1966, esta carta natal de Elvis. Sin duda, entre los muchos señalamientos que aporta este documento, lo más significativo y profético es el período que comienza para Elvis en 1972 y termina en 1977, es decir, desde su separación de Priscilla hasta su supuesta muerte. Y otra fecha que me llama la atención es 1996 acompañada del símbolo de Capricornio. ¿Estará relacionada con su evolución después de muerto o el astrólogo Rudhyar se estaba refiriendo a algún acontecimiento en vida de Elvis?

Elvis: la tumba sin sosiego

ENCUENTROS

A estas alturas de mi viaje sé perfectamente que he venido a Memphis con un propósito superior: darle vida a esos pedazos dispersos de la imagen de Elvis que llevo siempre conmigo en un remoto sitio de la memoria. Como una fina pieza de porcelana que en algún alto del camino se hubiese roto y dispersas sus partes.

Sentada allí frente a George Klein intento recuperar parte de ese mundo de juventud que Elvis y él compartieron. Creo que no lo logro, porque es imposible que no me repita las mismas cosas que tanta veces ha dicho. Pero estamos en la emisora de radio WHBQ donde por primera vez salió al aire una canción de Elvis, y George me ha invitado a que presencie la grabación de su famoso programa "La Hora de Elvis", que se trasmite todos los domingos a las seis de la tarde.

En realidad, lo que más me complace es haber podido conocerlo y llevarme conmigo la imagen personal de alguien que fue su amigo. No intento confesiones, ni le hago preguntas indiscretas. Le agradezco muchísimo el tiempo que me ha dedicado y me marcho. Mientras camino hacia la salida, un Elvis joven y sonriente, estrechando manos, firmando autógrafos, en instantaneas inéditas, parece decirme adiós desde todos los rincones.

"Elvis está muerto, por supuesto", oigo que todavía me dice George Klein cuando un rato después atravieso las calles de Memphis. "Yo vi el cadaver". "¿Pero se le pareclia?", quise saber. "Bueno, era un cadaver de tres días", me repite sin vacilar, tratando quizás de responder cómo mejor puede a la interrogante que para muchos sigue siendo aquel cadáver.

Memphis. Dispersa e impaciente. Así la veo a la caida de la tarde, mientras voy de un extremo a otro, y finalmente encuentro

Elvis: la tumba sin sosiego

la calle Audubon y la primera casa que compró Elvis; hoy una residencia impersonal de suburbio, sin nada que lo recuerde. Pero yo estoy aquí para darle vida a la memoria y a ratos lo logro. Desde que Elvis no está en Memphis las cosas deben haber cambiado para la ciudad, me digo. Pero sé que hay otras que permanecen, que sus ojos vieron, que sus manos acariciaron. Ese pequeño puente, esas casas deterioradas, ese garage despintado, esos anuncios que han perdido ahora las letras, estuvieron ahí desde hace mucho, quizás más de treinta años. El los vio, sus imágenes nutrieron las suyas. Y en especial la del río, la del Mississippi, con sus embarciaciones a vapor, y su nostalgia. Sé que ese río, el río de su vida, fue contemplado una y mil veces por Elvis. Y de seguro a esas orillas venía de jovencito, a sentarse y soñar, o a besar muchachas. Todo Memphis huele a Elvis. Es su olor el que cubre la tarde, el que mueve la suave brisa de algún inventado árbol de almizcle; es el olor que tienen también ciertas casas, ciertos animales; el olor peculiar incluso de una clase social que no quiere dejar de ser lo que es, sencilla y amorosa como su condición humana.

Marion Cocke, una antigua enfermera del Baptist Hospital, que se hizo famosa en Memphis cuando Elvis le regaló un automóvil, agriadecido por el amoroso trato conque ella lo cuidó durante una de sus estancias en el hospital, me recibe en su apartamento, muy cerca todavía de donde trabajó hasta su reciente retiro.
La señora Cocke vivió unos meses en Graceland, como enfermera personal de Elvis, y es la autora de *I Call Him, Babe*, un emocionado recuento de sus memorias junto al cantante. Es alta, de rostro amable; una mujer muy segura de sí misma. Me está esperando a la puerta de su apartamento, en el moderno edificio en que ahora vive.
Para mi sorpresa, enseguida echa a andar su propia grabadora, pues dice que no quiere que yo ni nadie tergiverse sus palabras. Luego, cuando comprueba que como ella soy una admiradora de Elvis, no su verdugo, la tensión cede, me muestra el TLC (Tender Loving Care) que le regaló Elvis y se anima a hablarme de ese doloroso momento en que, según ella, en el salón de emergencias, le quitó del cuello la cadena al cadaver de Elvis; cómo le dió un último y emocionado beso a aquel ser por el que había llegado a sentir un gran cariño. La sola idea de que alguien pretenda decir que Elvis está vivo la enfurece, porque para ella nadie tiene derecho a calumniar a un hombre de su condición humana, al que además, ha visto morir delante de sus

Elvis: la tumba sin sosiego

ojos. Yo prefiero seguir urgando en las anécdotas personales, cómo lo recuerda, su preferencia por aquel *banana pudding*, sus modales de caballero sureño, sus jocosidades. Marion no es lo que se dice una conversadora, pero apunta algún que otro detalle. Me dice que una vez por semana visita a Delta, la tía de Elvis que continuaba viviendo en Graceland, pero que la anciana no recibe a periodistas.

Con Nancy Rook estoy citada a la una de la mañana frente a la puerta de Graceland. A esa hora termina de trabajar en la mansión. De toda esa empleomanía de Elvis, es la única que continúa laborando allí.

A esa hora la veo salir de su automóvil y conversamos durante un rato frente a los muros llenos de mensajes de amor de esos fanáticos que no se cansan de visitar Graceland.

Nancy pasa de los cincuenta, es gruesa, una típica mujer negra del sur, con el carácter afable y cordial de los seres humildes y delicados. Sus memorias de ese 16 de agosto de 1977 parecerían abrir un hueco en el basto espacio del tiempo, como si esto fuese posible. "Sí —me dice–, lo vi cuando lo bajaban por la escalera en la camilla. Era él", "El había estado bien, había estado tocando el piano y cantando y cuando le pregunté si quería desayunar (Ella le llamaba respetuosamente Mr. P), me dijo que sólo quería agua helada."

A Nanícy Rook también le regaló un automóvil, pero ella lo recuerda en especial por otras muchas cosas, porque era un hombre muy bueno, un caballero, repite con tristeza. Emocionada, le pregunto si es ella quien limpia la habitación de Elvis, pero para mi sorpresa, Nancy Rook me revela que ni ella ni ningún otro empleado pueden subir a la segunda planta de Graceland. Me lo repite sin poner ningún énfasis especial en su respuesta, y a continuación añade: "Pero en agosto me enviaron a limpiarla, sólo esa vez."

A Vestor Presley, el tío de Elvis y hermano de Vernon, lo encuentro sentado junto a un grupo de libros: *A Presley Speaks*, que ya cuenta con más de siete ediciones. Es un anciano con aspecto de campesino, que no abandona su sombrero alón. Tenía fama de que le gustase hablar con la prensa, pero aquella mañana no parecía del mejor humor. Cuando le digo que quiero entrevistarlo, se revuelve impaciente en su sillón y me dice no muy amablemente: ¿Qué quiere que le diga, que Elvis está vivo? Todo lo que

Elvis: la tumba sin sosiego

yo tengo aue decir sobre él lo escribí en ese libro", y me señala el montón de ellos que se agrupan frente a él.

"Está bien", le contesto resignada, "pero fírmeme mi ejemplar", y le entrego la copia que ya traía conmigo y que he adquirido en otra de las tiendas que venden *souvenirs* de Elvis. Le pido en especial que me lo dedique a mi nombre, y mientras se lo deletreo, le tomo un par de fotos.

En algún sitio he leido que los Presleys tenían a ratos esas explosiones de carácter, pero quizás es que él y su familia no sepan ya cómo atajar a esa prensa indiscreta y, a ratos, grosera, que no cesa de tergiversar la imagen de Elvis.

SUEÑO DEL 14 DE ABRIL 1992

Yo estaba en una especie de cabaret tipo Las Vegas y en una de las mesas —que era larga, y donde por lo menos se sentaban veinte personas—había tarjetas para señalar los sitios. Allí estaba la de Elvis y aparentemente lo esperaban, pues su sitio se encontraba vacío —esto estaba un poco confuso—, porque de pronto allí estaba él, como en el año 1977, aunque a ratos daba la impresión de parecer más delgado. Yo estaba muy emocionada de verlo y estar cerca de él, pero para todos era normal verlo vivo y sentado a la mesa. Celebraban con vinos y charlaban. Estaba claro para míque él no vivía en esa ciudad, ni que tampoco se trataba de una reunión posterior a una de sus presentaciones, sino que parecía que estaba siendo congratulado en aquel lugar y su sola presencia era lo importante.

Yo no estaba sentada a la mesa, quizás observaba todo desde alguna otra cercana, no sé. Lo cierto es que parecía que estaba en calidad de periodista o escritora. Oi claramente cuando los que estaban a la mesa se ponían de acuerdo con él para verse esa noche en algún club. Yo sabía que me sería difícil acercarme a Elvis, porque había muchas otras personas rodeándolo siempre y además yo no sabía cómo abordarlo.

El sueño continuaba con una conversación entre yo y la que aparecía como la esposa de Elvis. Ahora estaba claro que había pasado ya esa segunda reunión en el club y que yo no había podido hacer un aparte con Elvis. Trataba entonces de conseguir, sin abrumarla con mi petición, que nos mantuviéramos en contacto.

Le pregunté a qué dirección podría enviarle algo que yo no precisaba, pero que debía ser un artículo que iba a escribir sobre Elvis. Para que no creyese que yo quería ser indiscreta, sino tan sólo saber el sitio a donde debía remitirle la correspondencia, le pregunté si había alguna caja postal (dije P.O. Box). Ella estuvo de acuerdo y, desapareciendo por un instante, regresó con tres guías telefónicas. La de arriba era sin duda muy parecida a la de

Elvis: la tumba sin sosiego

Princeton, no la de la compañía de teléfonos, sino otra más sofisticada que se publica en el pueblo. La joven me aclaraba que ahí podía encontrar la dirección a la que debía escribirles. Yo sabía que no vivían en ese lugar, sino que simplemente recibían la correspondencia.

Sin duda, lo más interesante del sueño se me reveló de pronto, cuando descubrí que la esposa de Elvis, una muchacha joven, delgada y más bien de pequeña estatura, era negra. Y no tardé en percatarme de que el Elvis de que hablábamos ahora era negro también, aunque no lo visualicé así entonces. El que yo había visto sentado a la mesa era blanco.

La escena cambia y ahora aparece una señora de unos cuarenta años, una mulata de pelo semi corto, que debe ser una especie de *chairman* o esposa del que ha invitado a Elvis a venir a ese sitio. Conversamos y yo le explico que me ha sido imposible hablar directamente con él. Entonces parece reflexionar y hacer una excepción —pues es evidente que se trata de una reunión íntima, con algunos pocos personajes importantes—, y me dice que el sábado, que es al día siguiente al que estamos hablando, ella y su esposo van a ofrecer una reunión privada en su casa en honor de Elvis y ha decidido invitarme para que yo pueda ponerme en contacto con él, hablarle y conocer exactamente dónde está viviendo. Elvis y su mujer iban a marcharse al otro día de la reunión. Pero el sueño no continúa o no lo recuerdo.

El hecho de que Elvis, su esposa y la señora aquella aparezcan como de la raza negra podría formar parte de la revelación del sueño: ¿Me querría sugerir que Elvis está vivo, con otra identidad y que ha cambiado su apariencia física?

GRACELAND

Graceland. Algo de templo y de casa de cristal. Un pequeño palacio fuera de época, un refugio contra el miedo, contra la soledad, contra el odio. Un sueño que no acaba nunca; de un momento a otro podrían aparecer peces voladores en los espejos, o rostros encantados. ¿Pero dónde está Elvis?
"You have seen this place before —dicen Janet y Michael Stern, en *Elvis World*—, but not in the real world. Your have seen it in the movies. Only movie sets have such frank semiosis. It says "rich person's home." Remember "Imitaton of Life"? Lana Turner could have lived here, in Technicolor."
Sé que mi sueño no va a terminar, que recorro Graceland con la libertad que me da haber atravesado la puerta de esa otra dimensión donde todo es posible, porque no hay más espacio ni más tiempo que el que imaginemos nuestro.
Entro y pregunto por Elvis. "¿Dónde estás?", me digo, y quiero gritar y grito, pero nadie responde. Me asomo al abismo de ese espejo y veo que desde el fondo alguien me tiende una mano. En lo alto, como movida por un viento, la lámpara de araña suena sus caireles.
La casa está llena de ángeles, de pequeñas bestias domésticas, de hermosos perros azules. De caballos que corretean por el patio. Son los caballos de Elvis. Pero Elvis no aparece.
Hay una voz que repite cosas como un papagallo. Dice: aquí estuvo esto y allá lo otro, pero no le presto atención; el suyo es un falso discurso. Luego me doy cuenta que estoy en una catedral, que la gente entra y sale, reverencia y se marcha con el alma encogida. Y con cada uno de ellos se va un pedacito de casa, un pedacito de algo que no se sabe bien qué es, y en cambio, van depositando aquí sus temores, sus odios, sus miedos. La casa está llena de cosas así, como sucede con los templos. La gente va y deposita en los templos sus pesares. Sucede lo mismo en

Elvis: la tumba sin sosiego

mi sueño. Sucede lo mismo en Graceland.
 Trozos de memorias que debo empatar, unir aquí y allá, cortar y coser como mejor pueda.
 En el portal que da al patio, está sentada una anciana junto a su perro y dos enfermeras. Es Delta, la tía de Elvis. El único ser vivo de esta casa. La sobreviviente en medio de ese improvisado cementerio que se alza no muy lejos de donde la anciana toma el sol.

Hay gente reparando el techo de la habitación de Elvis. Gente que pareciera traerle vida a la casa. Pero no, todos están muertos. Para que la muerte física no sea tan fea la llenamos de miedos, de lápidas, de recordatorios; la hacemos acompañar de ángeles, de flores frescas, de cruces y misterios. En la muerte nada puede ser simple, porque desaparecer de la faz de la tierra no es una cosa simple: requiere paciencia, y necesita ser ayudada por la vida misma. La muerte física necesita de los otros elementos terrenales para consumarse. Necesita que se exprese el amor de la naturaleza por lo que le pertenece: "Polvo eres y en polvo te convertirás".

!Qué extraño todo! De pronto, estoy en mi sueño recurrente de niña, de jovencita. De pronto estoy frente a la lápida tantas veces vista. Frente a la tumba de mi amigo muerto, me digo. Mi amigo, el muerto joven de mi sueño. Así que me inclino, como en mi sueño, y arranco algunas hierbas y las guardo en mi bolso.
 Pero me he quedado sin emociones, vacía. Como si el alma hubiese viajado lejos, o no hubiera nada que reverenciar allí. "!Oh, no!", me digo con angustia, "¿por qué esta extraña sensación de vacío que me rodea ahora?" "¿No estoy dentro de mi sueño?"
 Cierro los ojos y rezo, respiro profundo. Pronto me oigo decir a mí misma en voz alta, tan alta, que puedan escucharme los que descansan bajo esas lápidas:
 "¿Estás ahí, Elvis? ¿Estás ahí? !Respóndeme, por Dios!
 Pero mi sensación de vacío se hace mayor. Y ya sé la respues-

Elvis: la tumba sin sosiego

ta: sé que Elvis no está ahí. Me lo dice ese silencio espantoso, ese aire petrificado, la presencia misteriosa de lo que no puede expresarse con palabras. Sé ya el "mensaje". Ni su cuerpo ni su alma están allí.

Mientras me alejo hacia la salida, no puedo menos que suspirar ante la nueva visión que me llena de inquietud: "¿Dónde estás entonces, Elvis?"

EL REGRESO

Pequeñas gotas de lluvia empañan la visión de la carretera. De regreso, la vida no sabe igual. A mitad de camino me invade una sensación desconocida. Me siento atrapada, respirar es ahora tarea penosa. Un miedo muy grande me acosa, pero no puedo llorar ni gritar.

Memphis va quedando atrás, se va perdiendo entre las finas gotas de lluvia y una extraña bruma. El desconsuelo de mi alma no tiene límites, y no tendré paz ni sosiego hasta que no logre unir los trozos de una memoria dolorosa que me acompaña siempre.

Por eso, sé que es a partir de ahora cuando en realidad comienza mi búsqueda de Elvis, y todo este peregrinaje no ha sido más que un preludio necesario para el momento en que "el Dios que hace maravillas" ponga por delante su verdad.

RUMORES

Los rumores no han cesado, sino que van en aumento. Son muchos los que dicen haber visto a Elvis en los sitios más disimiles. Un Elvis que parece esfumarse delante de los ojos. Pero entre veras y mentiras, están los testimonios más serios, los de aquellos que aseguran haberse encontrado o hablado con él.

Si algo ha salido a relucir con estos rumores, es el nombre de Jon Burrows. Bajo esa identidad, se asegura, estaría viviendo otra vida, en algún lugar secreto, y quizás con un rostro ligeramente cambiado, el Rey del Rock and Roll.

Jon Burrows fue siempre el seudónimo preferido de Elvis para mantenerse en el anonimato cuando las circunstancias lo requerían, Jon Burrows es ahora el nombre que suena otra vez, y "cuando el río suena", como dice el refrán popular...

¿Era Elvis aquel hombre alto, vestido con un abrigo azul, el que se bajó precipitadamente de su auto, y entró en la gasolinera de Filadelfia, la noche del 29 de enero 1992?

Podría jurar que sí, pero sobre todo, que ésa fue la primera, de las tantas evidencias, que me llevaron por el camino correcto en mi búsqueda. A partir de entonces, no me di tregua...

JON BURROWS: "EL ESPIRITU DE ELVIS"

JON BURROWS

EL ESPIRITU DE ELVIS

(Primera Parte)

"¿A quién has anunciado palabras,
Y de quién es el espíritu que de ti procede?"

Job, 26; 4

"Dios hace cualquier clase de milagros".

Jon Burrows

En un lugar del suroeste, de cuyo nombre no quiero olvidarme, pervive, como en ningún otro sitio, el Espíritu de Elvis. Este misterioso hecho me ha llevado por nuevos e insospechados caminos en torno a la vida espiritual del Rey del Rock and Roll.

Si fuese a explicar cómo ha llegado a hacerse evidente ante mis ojos esta nueva forma de "existencia" —por llamarla de algún modo—, cómo he podido hacer encajar las piezas de este inusitado rompecabezas, les diría que "no he actuado sola".

Llevada y zarandeada en muchas oportunidades por alguna fuerza oculta, superior a mi entendimiento, que me ha permitido abrir los ojos y buscar y hurgar donde otros ojos no han visto nada, he sido guiada espiritualmente a través del nuevo laberinto de preguntas sin respuestas. Este extraño "privilegio" también es parte de los inquietantes desafíos que me han acompañado siempre a lo largo de mi búsqueda del Elvis verdadero, el espiritual. Pero, ¿Por qué yo? ¿Por qué yo?

No ha sido fácil. Atrás han quedado ahora arduas búsquedas aquí y allá, las falsas pistas, la lectura incesante de aquella pequeña guía de teléfonos de Kalamazoo o las conjeturas en torno,

Elvis: la tumba sin sosiego

por ejemplo, a una puerta rosada, que como en la habitación del avión de Elvis, tampoco se abre desde afuera. Puedo, violando todas las indicaciones de aquel cartel —que advierte a los posibles curiosos no subir los escasos escalones, porque aquello no es una salida y no lleva a ningún sitio—, detenerme ante esa puerta rosada y preguntarme si un Elvis imaginado vivió detrás de aquella pared. Y también puedo recrear la risa en el teléfono del reverendo de la humilde iglesia que tiene sus oficinas en el mismo edificio del cual se dice que Elvis es su propietario: un antiguo hotel convertido a partir de 1986 en complejo de oficinas de cinco pisos, con gracioso *sky' light* y *mezzanine* abandonado hoy a su suerte como pequeño almacén. Pero en especial resuena aún en mi cabeza la voz del reverendo cuando subraya la evidencia de la extraña puerta rosada que no se abre desde fuera y le oigo decir con infantil picardía: "Dicen que era allí donde vivía Elvis".

¿Cuántos años han pasado desde que corrieron como pólvora los rumores de un Elvis oculto en Kalamazoo? No muchos, pero el testimonio de la periodista Kelly Burgess, de Detroit, le ha sobrevivido a su propia muerte, ocurrida en 1990.

¿Estaban en lo cierto Kelly y su hijo Jason cuando aseguraron haber visto a Elvis en una de las oficinas del edificio de Kalamazoo, en agosto de l988?

A finales de 1977, Becky Yancey reveló en su libro *Mi vida con Elvis*, que el nombre Jon Burrows era clave para llegar hasta él. Cartas y llamadas telefónicas para esa persona le eran transferidas a Elvis sin dilación. De modo que este nombre fue convirtiéndose en una segunda piel del cantante, al extremo de que en la carta que le escribió al presidente Richard Nixon en 1970 le decía haberse registrado en el Washington Hotel bajo ese seudónimo.

Aunque por lo regular el apellido Burrows suele aparecer en casi todas las guías telefónicas del país, la combinación Jon Burrows no es tan popular dada la forma en que escribe el primer nombre. Jon junto a Burrows ennoblece con su brevedad y fuerza la calidad del apellido. Jon Burows es un nombre que podría sugerirnos el de un clásico de la poesía romántica inglesa o un sencillo carpintero. Ese nombre y ese apellido se complementan maravillosamente el uno con el otro, son una unidad sonora, algo así como una especie de mantra, que repetida una y otra vez criaría su propia resonancia y ululuaría como un eco movido por el viento. Un nombre tan vibrante y rítmico como el suyo propio

Elvis: la tumba sin sosiego
de Elvis Presley.

Para los que creen que cada nombre lleva en sí mismo la esencia del alma que designa, la idea de utilizar otro —aunque sea sólo a ratos— no podría ser de ninguna forma una tarea dejada al azar. ¿De qué modo Jon Burrows encaja en ese otro ser llamado Elvis Presley? ¿Podría éste haberse hecho llamar Charles Lindberg o Joe Tryon o Richard Allen? Por supuesto que no. En las vibraciones místicas del nombre Jon Burrows podríamos ya encontrar una visión acorde con la del espíritu de Elvis.

Sin duda, ha habido casos en los que el nuevo nombre llega a posesionarse del individuo, como en la mayoría de los asiáticos que adoptan uno nuevo al emigrar a América y sustituyen el original, por razones prácticas, con otro inglés. Pero siempre he sospechado que en este cambio ocurre una especie de trasmutación alquímica, que termina por sacar a la luz a otro ser dormido que yacía en lo profundo del alma del individuo.

Los nombres suelen ser sagrados, no sólo designan, o hacen el papel de apelativos, sino que adjetivan, conforman, tienen su propia vibración mística. Un nombre es como un cuño sobre la piel o una marca grabada —como sobre la piel de los caballos— con hierro candente. Por eso, se puede utilizar durante cierto tiempo otro nombre para preservar la incognita en un personaje famoso, pero no toda la vida. Al final siempre uno de los dos termina por tragarse al otro. Es lo que le sucedió a Samuel Langhorne Clemens; murió a manos de ese famoso escritor en que se convirtió: Mark Twain, que en definitiva había crecido con él durante sus años mozos y su oficio de piloto de barco en el río Mississippi.

Un nombre, pues, es un eco con el que nos llaman nuestros amigos; o nos atacan los enemigos, o nos susurran a la hora del amor. Esa carga emotiva que queremos trasmitir al otro llega siempre a través del nombre. Por eso cuando se bautiza a un recien nacido, el agua no sólo lo estaría limpiando de toda mancha y pecado, sino que lo reafirmaría en su individualidad y esencia a través del nombre escogido.

En la naturaleza misma vemos cómo a cada cosa le corresponde un nombre. Fue Dios el primero en nombrar las cosas tras su creación, según apunta el Génesis: "Y llamó Dios a la luz Día, y a las tinieblas llamó noche..." De modo que los nombres participarían del espíritu divino de éste, porque como supremo Hacedor también inventó los nombres. Razón de más para pensar que el apelativo de una persona es un hilo comunicador con Dios y, por tanto, se nutre por completo de la parte espiritual del del ser humano, no de su apariencia externa. El nombre es

Elvis: la tumba sin sosiego

Verbo. Resulta curioso analizar también el simbolismo oculto en el nombre de Jon Burrows, a la luz de las convenciones de ese lenguaje universal que habla a través de los números. Reduciendo las letras del nombre Jon Burrows a una cifra numérica, encontramos que de acuerdo con el método Pitagórico, Jon Burrows sumarisa el 11:

```
1 2 3 4 5 6 7 8 9
A B C D E F G H I
J K L M N O P Q R
S T U V W X Y Z
```

Pero esta representación simbólica ha de ser llevada a su última expresión, por lo cual obtendremos el 2, al sumar todos los números representados en este nombre y reducirlos a un sólo dígito.

Edon Gray, una notable actriz que ha dedicado parte de su vida al estudio de los temas metafísicos, dice que "el número 2 es un símbolo de dualidad, el principio materno separado del principio Paterno contenido en el número 1, el cual ahora se divide entre elementos negativos y positivos. El número 2 significa un par de opuestos: bueno y malo, verdad y error, día y noche, calor y frío, alegría y pena, hombre y mujer..."

No resulta iluso deducir que Elvis, entonces un apasionado devoto de la Numerología, descubriese en el nombre de Jon Burrows además de la sonoridad y la energía místicas acordes con su propio espíritu, el simbolismo de lo dual: un par de mellizos, otro ser que es y no es es él al mismo tiempo, alguien que funcionase como el otro y a través del cual podría realizar una especie de "viaje" lúcido fuera de su cuerpo y tocar su espíritu; un *alter ego* que se llamaría Jon Burrows, o de acuerdo a Huna, la religión de los hawaianos, su *low self*, que la siquiatría moderna llama también subconsciente.

La religión de los hawaianos requiere que cada individuo nombre de manera especial a su *low self*, de modo que sea posible establecer una especie de "diálogo" y darle órdenes. De acuerdo a Huna, Jon Burrows sería el nombre del subconciente de Elvis, aunque en el plano del puro misticismo, ese nombre encarnaría en él un estadio superior, el del propio "espíritu de Elvis".

Pero la transferencia completa del cuerpo etérico y astral de Elvis a su espíritu fue un largo y trabajoso proceso que había venido realizándose durante años, a través de esta convivencia simultánea. Un proceso que es de esperar se consumase sólo con la muerte física de la persona, no en vida de ella. ¿Cuándo ocurrió este traspaso total de la personalidad de Elvis a su cuerpo

Elvis: la tumba sin sosiego

etérico o subconciente? ¿El 16 de agosto de 1977, el día en que el mundo entero lloró su muerte?

Nadie ha podido establecer con exactitud cuándo, a partir de agosto de 1977, hizo su aparición pública el nombre de Jon Burrows. Supuestos mensajes a conocidos y amigos comenzaron a circular, primero a nivel privado, un poco después llevados y traidos por algunos clubs de fanáticos. Vemos cómo a partir del propio 1977 ya era del dominio público, aunque en menor escala, el hecho de que Elvis hubiera utilizado el nombre de Jon Burrows.

Pero fue realmente a partir de finales de 1986 cuando comienza a tomar cuerpo la leyenda de un Elvis transformado en Jon Burrows. Los rumores se hacen más per,sistentes, y Kalamazoo, en Michigan, se convierte de la noche a la mañana en una ciudad privilegiada al haber sido escogida supuestamente como nuevo lugar de residencia por un extraño y elusivo personaje llamado Jon Burrows.

Los que comienzan a verlo, a topárselo acá y allá en forma esporádica, aseguran que se trataba del propio Elvis Presley. Con los rumores comenzaron las pesquisas incesantes, promovidas en primer término por los inescrupulosos tabloides de supermercado, que sólo buscaban explotar comercialmente el inmenso amor de los fanáticos hacia Elvis.

Pero lo cierto es que alguien bajo ese nombre funcionaba en Kalamazoo desde un complejo de oficinas que antes había sido hotel, aunque no ha podido comprobarse que el edificio en cuestion fuese propiedad de Elvis o de Jon Burrows. En los registros oficiales no aparecen estos nombres, aunque es un dato curioso —quizás pura coincidencia— que muy poco después de formada la empresa que es dueña del edificio —en octubre de l986— comenzaran a circular en Kalamazoo los rumores de un Elvis vivo, aunque no fue hasta 1988 cuando la periodista Kelly Burguess dice haberlo visto en una de aquellas oficinas.

Sin embargo, aunque rodeado mayormente de exhibicionismo, el controvertido libro de Gail Brewer-Giorgio, Is *Elvis Alive?* publicado en una primera versión en 1988, contribuyó en especial a promover la idea entre el público de un Elvis Presley vivo, que hubiese fingido su muerte por razones que todavía no quedarían suficientemente claras para todo el mundo. Pero lo cierto es que el mayor mérito del libro de Gail es haber puesto en orden los rumores, pistas y desconciertos que llevarían a pensar seriamente en la posibilidad de que Elvis estuviese vivo.

Sin embargo, no ha sido Gail la única en tratar de probar que

Elvis: la tumba sin sosiego

su tesis es válida. Pero fue ella la que explotó comercialmente la idea, la que lanzó al mercado no sólo su libro, sino un video Elvis Files, y una cinta de *casette* con una supuesta conversación telefónica de Elvis, que habría de haberse producido alrededor de 1981.

Sin embargo, al margen de esos rumores, en 1987, en los sitios más insospechados, estaría haciendo su aparición real un Jon Burrows de carne y hueso, quien se presenta esporádicamente ahora ante un público de muy distinta naturaleza al de los fieles fanáticos de Elvis. Jon Burrows y su representación de El Espíritu de Elvis es visto aquí y allá y la gente, fascinada en principio por lo que ve, disfruta de este excelente intérprete de Elvis, sin prestar demasiada atención en un primer momento al "milagro" que ha venido produciéndose ante sus ojos.

La aparición en abril de 1987 de Jon Burrows en el McAllen Auditorium de Texas abriría una nueva incognita en torno a la figura de Elvis Presley. En una hoja publicitaría de esa época, leemos que en "In late 1986, Jon Burrows the time was right to resurrect The Spirit of Elvis show featuring Jon Burrows."

"From 1978 thru 1984 the show was known nation wide as "A TRIBUTE TO ELVIS", but in 1984 Jon felt it was time to retire, but the public wanted the TRIBUTE to the KING to continue.

"During JON's short two years retirement numberous promoters and agents discussed with JON to return with the TRIBUTE. Then in November 1986, JON decide to return, but this time, JON would return as THE SPIRIT OF ELVIS. Working with a smaller band and sometimes tapes, depending upon the situation.

"Then in April of 1987 the SPIRIT OF ELVIS SHOW opened in McAllen, Texas, to a sold out house. This was the rebirth of JON BURROWS as the SPIRIT OF ELVIS."

De acuerdo a esta misma información, Jon Burrows apareció durante ese año en los siguientes sitios:

McAllen Auditorium.............McAllen, Texas
Laredo Civic Center.............Laredo, Texas
Shell Theater.........................Reynosa, México
Nuevo Laredo Arts Cente.....Nuevo Laredo, México
Fresno Civic Center...............Fresno, California
Harrell Auditorium................Bakerfield, California
Colton...................................Colton, California
Blythe Arena........................ Blythe, California

Y "en conciertos privados y apariciones personales a través

Elvis: la tumba sin sosiego

de 1987".

¿Pero quién era este enigmatico personaje que tras sus breves interpretaciones dejaba al público con la sensación de haber presenciado una de las fabulosas actuaciones del propio Elvis? ¿Un excelente intérprete capaz de hacer renacer con su devoción al Rey del Rock and Roll? ¿O el propio Elvis?

A medida que crecían los rumores de un Elvis que estuviese vivo y escondido en algún sitio, y cuya "presencia" comenzaba a no dejar dudas entre los que decían verlo en los lugares más disímiles del país, crecía también la espectativa en torno a Jon Burrows y su Espíritu de Elvis.

En septiembre 7 de 1988, Hard Rock Café de Dallas felicitaba a Jon Burrows por su "excellent performance as Elvis during TV Channel 39 "Elvis Week", here at the Hard Rock Café". Y con bastante demora, que se justifica en la propia carta, recibía otra del canel 39 (KXTX) de Texas: "We wanted to thank you for your time and effort in the "Elvis Week" production at the Hard Rock Café in Dallas". Y en la que también señalan: "The efforts of all involved helped to make a sucess of the entire week and a good time was had by all. You are a very talented person and it is obvious that the crowd enjoyed your performances. You have perfected your art and we appreciated your patience during the course of the evening".

El 2 de octubre de 1989, Steawarts Old West Theater le escribía también para felicitarlo por el estupendo espectáculo de la noche del sábado y darle las gracias por el tiempo que le dedicó a Dennis Andrew Jones, un amigo de la casa que sufre de mongolismo. En la misma carta le confirmaban que estaban ansiosos porque regresase el 28 de ese mes.

Luego le seguirían otras muchas apariciones, hasta que el 16 de mayo de 1991, el periódico Time-Record de Forth Worth, publicó una fotografía de Jon Burrows en una de sus actuaciones, esta vez en la Lake Worth Fair and Great Celebration. Al pie de la foto se leía: "Jon Burrows, "The Spirit of Elvis" croons, "You Don't Have to Say You Love Me" at the Lake Worth Fair and Great Celebration on Saturday, an unidentified young lady appears about ready to swoon."

Y en un recorte de periódico del Evening Star-Telegram de Fort Worth, con fecha no identificada, otra foto de Jon Burrows lo muestra en compañía de una de las ocho ganadoras del concurso "Elvis Trivia Contest", organizado por el periódico, que consistía en un viaje de dos días a Memphis, durante la conmemoración de

Elvis: la tumba sin sosiego

la fecha de la muerte del cantante. El periódico señalaba que todas las otras 5,670 cartas participantes en el concurso recibirían un premio de consuelo: "All entries will be burned and the ashes will be scattered on the grounds at Graceland, to reside forever at the home of The King."

Sin embargo, estás parecerían ser las últimas apariciones públicas de Jon Burrows como El Espíritu de Elvis en el área de Fort Worth-Dallas. En agosto de 1991, tras la trasmisión del programa especial de televisión, Elvis Files, que intentaba probar las tesis de la escritora Gail Brewer-Giorgio sobre, según ella, la fingida muerte del cantante, Jon Burrows comenzó a ser blanco de sospechas y muchos parecían preguntarse ahora con curioso estupor si aquel hombre no sería el propio Elvis.

Pero, ¿qué razones de peso habría para que Jon Burrows, uno de los cientos de artistas que lo encarnan, se hubiera convertido de la noche a la mañana en foco de atención de los que sostienen la tesis de que Elvis está vivo?

Varias razones parecían aunarse a un tiempo y dar pie a las conjeturas: Jon Burrows tiene un enorme parecido físico con Elvis y su voz y sus interpretaciones se parecen tanto entre sí como una gota de agua a otra. ¿El perfecto imitador? ¿Un doble, o incluso, otra peregrina tesis sobre el gemelo?

Lo cierto es que en agosto de 1991, David Wasson, director ejecutivo del Mohave Educational Services de Arizona, decide invitar a Jon Burrows a participar en unas conferencias en torno a Elvis Presley y su aporte a la música y cultura populares.

Jon Burrows declina la invitación alegando que tiene para esa fecha un compromiso artístico fuera del estado, pero que le parece muy bien la idea de "a living history of Elvis".

Ahí hubiera quedado todo, si no hubiera sido porque su carta respuesta manuscrita levantaría ahora nuevas espectativas. La letra de Jon Burrows era sin duda idéntica a la de Elvis.

El profesor Wasson, que había actuado a sugerencia de Monte Nicholson, un antiguo detéctive convertido en escritor y autor de dos libros sobre el Rey del Rock and Roll, quien durante años ha estado sobre la pista de "Elvis", afirmó haber recibido el aviso ("tip") de que el Rey del Rock and Roll podría estar viviendo en Fort Worth bajo la identidad de Jon Burrows, como un imitadori de sí mismo. Y fue Nicholson quien le sugirió al profesor Wasson que invitase a Jon Burrows a sus cursos.

A partir de este momento, la vida del hombre que encarna El Espíritu de Elvis tomaría otro rumbo, incluso dramático.

Elvis: la tumba sin sosiego

La carta al profesor Wasson colocaba a Jon Burrows en la mirilla de los que sostenían la tesis de que Elvis estuviese vivo. Y al hacerse ahora blanco de esas miradas inquisitivas, su vida privada comenzó a verse afectada también. Fotos a hurtadillas, indagaciones, acosos lo llevaron a tomar la decisión de abandonar Texas y refugiarse en Perrysburg, Ohio, en agosto de 1991. Cuando en diciembre Monte Nicholson viaja a Fort Worth con el ánimo de entrevistarlo, Bárbara, que ha estado actuando como asistente de Jon Burrows, le informa que el cantante se ha mudado. Nicholson filmó su encuentro con Bárbara, aunque el rostro de la mujer permaneció oculto.

En enero 21 de 1992, se televisa el nuevo programa, The Elvis Conspiracy, ahora con una mayor participación del investigador. Monte Nicholson y los testimonios de otras persona que dicen tener pruebas de haber visto a Elvis.

El asedio a Jon Burrows se agudiza, porque se hacen públicas ahora las versiones y sospechas en torno a él. La negativa a concederle una entrevista a Monte Nicholson y su rechazo a aparecer en público negando una u otra cosa, acrecientan el misterio en torno a su verdadera identidad. Aunque Jon Burrows nunca había dicho que fuese Elvis, sino que lo había negado sistemáticamente a través de otras personas los rumores se expanden y lo obligan a vivir de nuevo una extraña y solitaria vida, siempre acosado y perseguido.

Algunas de los supuestos hallazgos de Nicholson habrían podido colocar en un aprieto a Jon Burrows; especialmente cuando reveló que éste utilizaba tarjetas de crédito con el mismo número de seguro social de Elvis. Nicholson también aseguraba que de Perrysburg , Jon se había mudado a Chicago y abierto una casa bajo el nombre de Presley. Y en todos los casos, la dirección primaria de esta línea de crédito se originaba en Graceland, según Nicholson.

No es difícil imaginar en qué estado de ánimo se encontraría Jon Burrows al verse eje de una controversia que excedía cualquier juicio lógico. Desenmarañar una madeja que está intrínsecamente enredada no tenía caso ya para él, pues eran muchos los que estaban dispuestos a creer que este extraordinario intérprete de la música de Elvis, era el propio Rey del Rock and Roll. Sin embargo, el programa The Elvis Conspiracy abrió ante mis ojos nuevas perspectivas de búsqueda. El Jon Burrows tras el cual yo andaba desde hacía tiempo, aparecía ahora ante mis ojos por primera vez como un ser real, de carne y hueso, viviendo sabría Dios dónde, perseguido por no imaginaba yo qué fantasmas. Un ser que, según todas las especulaciones, podría ser Elvis.

Elvis: la tumba sin sosiego

A partir de ese momento, agudicé esa innata cualidad que poseo de olfatear y deducir como un perro sabueso la verdad y los misterios de ciertas cosas. Estaba consciente, sin embargo, que podía caer en mi propia trampa, porque en primer término me había prometido a mí misma —de estar Elvis realmente vivo— no revelarlo en mi libro. Mi respeto y mi veneración por el cantante exigían de mí una prudencia y una ética superior. Si como se rumoraba Elvis había fingido su propia muerte y vivía escondido en algún sitio, ni yo ni nadie teníamos el derecho a provocarle un nuevo dolor. Haber renunciado a la vida, a los placeres de la fama y en general a todo, me parecía una heroicidad superior que lo magnificaba aún más ante mis ojos. Segura de que los motivos que lo habrían llevado a tomar una decisión de esa naturaleza estarían de sobra justificados, no podía dejar de pensar sin embargo que el deseo de conocer la verdad me colocaba a mí también en la lista de los perseguidores. Y eso me hacía sentir mal, pero no podía evitar actuar de esta manera. Aunque me juraba a mí misma todos los días que una vez que conociera "la verdad" la guardaría para siempre en lo más recóndito de mi alma junto a esa extraña satisfacción que daría tener el privilegio de haber conocido de labios del propio Rey uno de los secretos más grandes de todos los tiempos.

Lo que más me conmovía era pensar que Elvis, un ser tan necesitado siempre de su familia, hubiera renunciado a ella y se hubiera privado del placer de ver crecer a su hija. Me bastaba tan sólo pensar en este hecho para jurarme a mí misma que no sería yo la que profanaría su secreto.

Y con esta convicción me lancé a la búsqueda incesante de Jon Burrows. Al año de haber partido de cero, se abrió de pronto una puerta y me encontré metida de lleno en el mundo de este ser rodeado de misterios e interrogantes. ¿Cómo lo conseguí?

Sería largo y fatigoso relatar mi labor, pero al día no le bastaban venticuatro horas para mis investigaciones ni tenía yo paz y sosiego hasta que no descifraba cualquier dato que pudiera aparecer ante mí como un posible hilo conductor.

Lo cierto es que la noche del 22 de enero de 1993, al año de haberse televisado el programa The Elvis Conspiracy, sonó el teléfono de mi casa y una voz que se me hizo familiar desde el primer momento, me abrió las puertas al mundo de Jon Burrows.

Dijo llamarse Ron, así a secas, sin apellido, y ser su *"business manager"*. Durante una hora tuve la oportunidad de adentrarme en un mundo que ya intuí mucho más interesante de lo que yo había imaginado.

Elvis: la tumba sin sosiego

El diálogo se deslizó sin dificultades una vez que le expliqué someramente cómo había logrado conseguir su dirección, aunque mi desconcierto se acrecentaba en la misma medida en que iba uniendo las partes de este rompecabezas llamado Jon Burrows. Lo que oí aquella noche por boca de Ron no sólo despertó aún más —de ser posible— mi interés por conocer si aquel individuo era Elvis, sino —en el supuesto caso de que no lo fuera— quién, encarnando el Espíritu de Elvis vibraba en algún lugar del planeta con luz del otro. Un Elvis que hubiese despertado a un largo sueño —el de la muerte, por ejemplo— y estuviera consumando ahora su segunda oportunidad vital sobre la faz de la Tierra. ¿Estaría yo en presencia de un fenómeno desconocido de trasmigración de cuerpo y alma, si esto fuese posible?

Ante mi pregunta sobre cómo era Jon Burrows, no pude dejar de pensar, entre asombrada e incrédula, que yo estaba viviendo algo muy parecido a un sueño o una pesadilla: "Jon no es un *impersonaator*, su voz y su físico son naturales, no usa peluca, tiene el pelo teñido de negro y canta con voz muy parecida a la de Elvis. Jon es alto, tiene 58 años, pero está en buena forma y parece de sólo 47 o 49 años, no más. En 1979 —continuó diciéndome Ron, y mi estupor fue total— se hizo una cirugía plástica para no parecerse tanto a Elvis, porque había tenido problemas con su físico y no lo dejaban tranquilo".

De modo muy somero yo había explicado en mi carta de presentación la idea del libro que estaba escribiendo, en especial, mi tesis sobre la presencia esotérica del Conde de San Germán en la vida de Elvis y cómo el controversial personaje habría influido en el trazado de los años finales del cantante. De ser Jon Burrows y Elvis la misma persona, el poder discutir mis quizás extravagantes ideas con él me hubiera parecido un regalo del cielo, por eso, también, me había dado a la tarea de agotar todas las posibilidades.

Ron fue muy preciso: "Pues no sé si Jon querrá discutir esa idea suya del Conde San Germán, porque él sólo se interesa ahora por la figura de Jesucristo. El es un *born again* Christian y dice que ha borrado su pasado y no quiere saber nada de quién fue antes. Yo he hablado mucho con Jon de sus ideas religiosas y le aseguro que sé muy bien cómo piensa."

Nos enfrascamos en una breve charla sobre el tema religioso, y en la medida en que yo intentaba explicarle a Ron mi tesis sobre la importancia de un personaje tan controversial como San Germán en la vida de Elvis, se me hacía más claro que estaba en presencia de un nuevo enigma, el del increíble Jon Burrows.

Le prometí enviarle copias de mis libros y en especial, los

Elvis: la tumba sin sosiego

artículos que había publicado en distintos periódicos de Los Angeles, Puerto Rico y Miami sobre Elvis, más información sobre mi persona, pero sobre todo, insistí en mi interés en, por encima de todo, no utilizar el nombre ni la imagen de Elvis con fines de lucro. Mi propia vida, le expliqué a grandes rasgos, había conocido de otro modo el acoso y la persecusión y no estaba dispuesta a dejar de ser quien era, una escritora que había sufrido en carne propia la represión policial en un régimen comunista, para ahora, a cambio de dinero, entregar a mis lectores una escandalosa versión sobre Elvis.

Le oi entonces preguntarme tres veces con inquietante apremio si yo pensaba que Jon Burrows era Elvis. Y fui franca, porque le respondí con la única verdad posible que entonces conocía, la única que martillaba esa noche en mi cabeza: que desde mi casa, a más de mil millas de distancia de Jon Burrows, y sin verlo, yo sólo había acumulado un expediente lleno de dudas. Que yo no sabía.

Transcurrieron las dos semanas al cabo de las cuales Jon Burrows estaría de vuelta, pero a pesar de que le había enviado mis artículos y libros, el tiempo pasaba sin que yo obtuviera respuesta. Supuse que para entonces podrían tener listo el material que les envié, pues Ron me había dicho que no me preocupara por traducirlos del español al inglés, que con ellos trabajaba alguien que lo haría.

Impaciente por saber qué pasaba, encaminé mis nuevas pesquisas a obtener el teléfono del *"business manager"*. No fue una tarea fácil, porque aunque aparece en el libro de teléfonos, yo no tenía la menor idea bajo qué nombr,e o empresa estaba listado. Otra vez tuve suerte y logré comunicarme ahora con Bárbara, quien dirige y coordina las presentaciones de Jon Burrows y su Espíritu de Elvis.

Bárbara, una amable y vivaz mujer, es sin duda una de esas personas con la que resulta fácil hacer amistad. No sé cuántas fueron las veces que, durante la mañana, conversábamos sobre la personalidad de Jon Burrows, su música, y su coincidente parecido con Elvis. Gracias a ella, que tomó muy en serio mi interés en entrevistarme con Jon Burrows, las cosas comenzaron a marchar; pero sobre todo, gracias a ella, yo me asomaba al mundo, misterioso y fascinante, de este personaje sobre el que se cernían todas las interrogantes.

A través de mis charlas telefónicas con ella , yo iba componiendo la imagen de un ser que no aparecía por ningún lado, pero cuya presencia se hacía sentir. Con Bárbara hablé más ampliamente de las creencias religiosas de Jon, de su música, sus

Elvis: la tumba sin sosiego

gustos e inquietudes. Faltaba ya muy poco para que el ser real apareciera ante mí, aunque sólo fuera entonces a través del hilo de su voz.

Por fin, Bárbara concertó una entrevista telefónica entre Jon y yo para una noche determinada. Inquieta y temerosa, esperé junto al teléfono a que fuese la hora, pero en su lugar el que me respondió fue Ron, el *"business manager;"*, alegando que Jon Burrows había tenido que ausentarse de la ciudad. Me sentí completamente frustrada y furiosa porque no entendía cómo se puede faltar a un compromiso. Luego me repetí a mí misma que para un cantante, un músico o la gente de la farándula en general un periodista es la mayoría de las veces un ser visto con suspicacia. El hecho de que me presentara a mí misma como una escritora que ejercía también la profesión de periodista, no me eximía de las dudas. Abundaban los libros y artículos sensacionalistas en torno a Elvis, y el propio Jon Burrows había sido víctima reciente de esa visión aparatosa de la prensa. Supuse que le costaba trabajo creer en mis buenas intenciones, porque si algo estaba claro para él es que yo debería también andar tras las huellas de "Elvis".

Esa noche, durante mi nueva conversación con Ron, insistí de nuevo en la necesidad de entrevistarme con Jon Burrows, pues creía ahora imprescindible incluirlo en mi libro, no como un elemento más en torno a Elvis y el culto popular a su imagen, sino en calidad de huesped muy especial. Mi instinto me decía que Jon Burrows era merecedor de un lugar importante en E*lvis: La tumba sin sosiego.*

Así que no cejé en mi propósito y apelé de nuevo a Bárbara hasta obtener la pronesa de que hablaría con Jon. Acordamos fecha y hora y preparé mi cuestionario con las más elementales de las preguntas, de modo que me sirvieran de introducción al tema. Sabía que estaba en desventaja, pues una conversación por teléfono con alguien que nunca hemos visto ya es de por sí una especie de cita a ciegas. Podía suceder cualquier cosa, que otra persona se hiciera pasar por él; que utilizara uno de esos teléfonos con los que se puede cambiar la voz hasta a diesiceis tonos distintos (de modo que como dice el anuncio de la empresa que los fabrica, "ni su madre podrá reconocerlo"); o que escudado en las ventajas del anonimato le fuese muy fácil mentirme.

Pero cuando lo oi por primera vez al otro lado del teléfono sentí que habían sido inútiles todas mis especulaciones. Espacio y tiempo se borraron de un tirón a medida que él respondía a mis preguntas, y yo me sentía cómoda, precisamente quizás porque yo no podía decir que estuviese hablando con Elvis, sino con al-

Elvis: la tumba sin sosiego

guien, con un ser real, de difícil ubicación. ¿Quién era Jon Burrows? ¿Elvis, un fantasma, su espíritu o un simple impostor? Apenas si eso era realmente importante ya para mí. Estaba fascinada con lo que oía. La voz sonaba a Elvis, por supuesto, pero no era totalmente la suya, aunque tartamudeaba a ratos. Si tuviera que definirla tomando en consideración exclusivamente las resonancias que me llegaban a través de este sonido, diría que era la voz dulce de un ser lleno de humanidad, comprensión, tristeza, melancolía y bondad. Alguien lleno de grandeza espiritual.

No creo que exista medio más idóneo que la voz para comunicarnos con alguien. Ni siquiera la presencia física puede relegar a un plano inferior ese trasmisor de energía que es la voz humana. Los sonidos, las ondulaciones, las vibraciones, la energía interna que llegan a través de ella nos entregan al ser humano que los emite. Y cuando no se poseen otros elementos para juzgar a distancia a una persona, la voz se convierte en el todo de ese individuo. No hay modo de ocultarse tras la voz, porque como con los ojos y las manos, tiene la propiedad de delatarnos.

Yo había esperado, por supuesto, que nada de lo que me dijese tuviese mucha importancia en uno u otro caso, pues daba por sentado que de ser Elvis trataría de despistarme, y en caso contrario, pues caería en sus propias contradicciones.

Pero nada de esto ocurrió, sino que Jon Burrows fue respondiendo a cada una de mis preguntas con una sinceridad pasmosa, que en muchas ocasiones le hacía vacilar y guardar silencio, hasta que parecía encontrar la respuesta que más se pareciese a su verdad. Sentí que no me estaba mintiendo, que incluso sus demoras y ligeros tartamudeos obedecían a su necesidad de no hacerlo.

La memoria no puede fallarme, porque ha grabado en algún lugar especial todo lo que le escuché aquella primera noche y que podría resumirse en este diálogo:

"¿Por qué muchos sostienen que usted es Elvis?"
"Realmente no sé, pienso que eso es lo que la gente quiere creer. Algunas veces la gente quiere creer que es verdad y muchos piensan que soy Elvis, por lo que se da esta clase de confusión. Realmente no sé por qué sucede."
"¿Se encontró con Elvis alguna vez?"
"Sí, señora, hace mucho tiempo, en 1973, en Fort Worth."
"Cuando usted lo vio, ¿qué pensó de él?"
"El es realmente un hombre muy tímido, muy retraído, muy educado. (Jon utiliza el presente al hablar de Elvis). Cuando uno ve al hombre por primera vez, es como un sueño hecho realidad,

Elvis: la tumba sin sosiego

pero una vez que uno comienza a hablar con él uno se da cuenta que es un hombre como otro cualquiera. El estuvo muy educado todo el tiempo".
"¿Usted piensa que se parece a Elvis?"
"Mucha gente dice eso."
"¿Pero se ha mirado usted al espejo?
"Todo el mundo de vez en cuando se mira al espejo y puede ver una doble cara..."
(Lo interrumpo)"¿Se refiere usted a un doble Elvis?"
"No, señora, es como cuando usted mira en el espejo y no puede creer lo que ve. Y entonces, usted tiene que volver a mirarse..."
"Entiendo. ¿Por qué ha escogido usted el nombre de Jon Burrows para su espectáculo?"
"Oh, ése es mi nombre."
(Sorprendida)"!Oh, Dios mío, qué curioso! (Pausa) Bueno, dígame, ¿tiene usted mal carácter, o es usted una persona tranquila?"
"Depende de la situación, señora. Algunas veces tengo mal carácter, pero puedo decir que el 90 por ciento del tiempo mi carácter es bueno, aunque alguna que otra vez, si algo sucede, es como una bomba de tiempo..."
"¿Cuándo fue la primera vez que usted decidió ser un Elvis *entertainer*?"
"En 1978, al final de 1978."
"¿Usted toca la guitarra o el piano?"
"Cuando comencé a tocar guitarra sólo sabía tres cuerdas, pero ahora las cosas van mejor. En el piano, toco un poquito, pero no lo que quisiera."
"Elvis decía la misma cosa, que él sólo tocaba tres cuerdas. ¿Se acuerda usted?"
"No, señora."
"¿Tiene usted familia? ¿Ha estado casado? Le pido disculpas por preguntarle cosas personales, pero..."
"Estuve casado hace mucho tiempo, sí señora, pero nosotros nos divorciamos hace mucho."
"¿Se siente usted solo o prefiere estar solo?
"Me siento de ambas formas. Algunas veces prefiero estar solo cuando pienso que es lo mejor, pero otras, estar solo es temeroso, porque no tienes a alguien en quien puedas confiar, y eso es muy, pero muy importante si uno es un *entertainer*. "
"Dígame algo de su espectáculo el Espíritu de Elvis. ¿Usa usted las mismas ropas de Elvis? ¿Cuántos trajes de Elvis usted tiene?"

"Tengo seis o siete, pero ahora sólo uso tres."
"¿Dónde los consigue, alguna gente lo hace especialmente para usted?"
"Tengo a alguien que los hace para mí."
"¿Por qué vive usted escondido? ¿Tiene miedo a la gente que dice que usted es Elvis?"
"Algunas veces, sí señora, así es. Yo di un *show* local hace un año y se anunció en el periódico y un hombre trató de subirse al escenario y un guardia de seguridad tuvo que detenerlo. Yo soy sólo un artista, pero algunas veces la gente lo olvida..."
"Hábleme, por favor, de sus creencias religiosas. Ron me dijo que usted era un *born again Christian*, que usted se sentía como una gente que ha renacido, que usted lee constantemente la Biblia. ¿No es usted ya la misma persona que hace veinte años atrás, por ejemplo?"
"No, señora. Yo tomaba antes una gran cantidad de drogas, de alcohol... En 1978, cuando Jesucristo fue mi salvador, todo eso cambió. Desde entonces hasta hoy El cambió mi vida. Me enseñó a creer que si das amor a la gente te devuelven amor; si tratas honestamente a la gente, pues lo mismo".
"¿Usted cree que es posible curar a alguien tocando a la persona, por ejemplo?"
"Sí, señora. Yo mismo me he curado; yo me rompí una costilla en 1980 y no pude hacer el *show* por un tiempo. Pero asistía a la iglesia y luego una señora pasó sus manos sobre mí y rogó por mí también. Y me curé."
"¿Usted ora solo o asiste regularmente a la iglesia?"
"Cuando puedo voy a la iglesia algunas veces, pero es bastante difícil cuando uno viaja. Si hacemos un *show* un sábado por la noche y tenemos que estar en otro sitio el lunes es muy difícil asistir a la iglesia. Pero cuando uno cree en Cristo, en Jesucristo, uno no tiene que ir a la iglesia porque tiene a Dios dentro de sí todo el tiempo."
"Pero, ¿a qué clase de iglesia va cuando está librey tiene tiempo?"
"Es una iglesia ."
"Bueno, no tengo mucha idea de lo que es exactamente una iglesia de esa naturaleza, porque soy católica, pero a mí también me gusta leer sobre espiritualis,no y curaciones..."
"Sí, yo también he leido algunos libros en los setentas y no puedo nombrar ahora los títulos de los libros, pero sé lo que ellos afirman, que Dios bendijo la Biblia y todo lo que dice la Biblia es verdad, de que ella puede curar; yo creo en eso."
"¿Otras cosas en las que usted crea: por ejemplo, fantas-

mas, espíritus o ángeles?"
"Sí, señora, creo en angeles."
"¿Ha visto usted alguno?"
"No, señora, nunca."
"Bueno, yo vi uno hace muchos años en Cuba. Era bello, como un niño pequeño. ¿Ha oido usted acerca de San Germán?"
"Sí, señora, hace mucho tiempo. Cuando yo acepté que Jesucristo es mi salvador, en 1978, yo cambié todo eso, porque hay un solo Jesucristo, un solo Dios, un solo Espíritu Santo."
"Bueno, San Germán, como yo lo entiendo, era una especie de Maestro que, de acuerdo a la leyenda, utilizaba a la gente para hacer avanzar el espiritualismo en el mundo. Pero, por supuesto, para mí Jesucristo lo es todo también. Bueno, pasemos a otra cosa: ¿Usted piensa que Elvis está vivo?
(Como tomado de sorpresa por la pregunta, vacila un segundo) "Bueno, es una pregunta muy difícil de contestar. Puedo decir que él no murió en 1977."
"Bueno, está bien, él no murió espiritualmente, pero, ¿cómo una persona tampoco?
"No, señora, en 1977 Elvis no murió como persona."
"Esta bien, pero si Elvis no murió en 1977, ¿entendería usted las razones que tuvo para hacer lo que hizo?"
"Sí, señora, entiendo las razones que tuvo."
"Bien, dígame, ¿cuáles son las canciones de Elvis que usted prefiere?"
"Hay tantas y grandes canciones que es realmente difícil decir, pero hay una que...bueno, espere un minuto, por favor, voy a coger mi lista... (regresa al teléfono) Bueno, una de mis canciones preferidas desde el principio es "My Happiness", a mí me gusta realmente esa canción. También "Suspicious Mind" y "American Trilogy", pero hay muchísimas que a mí me gustan igualmente."
"Hábleme un poco acerca de usted, acerca, por ejemplo de sus alimentos preferidos, ¿qué es lo que más le gusta comer?"
"¿Qué es lo que me gusta comer ahora? Bueno, estoy a dieta. Estoy pesando 190 libras, y tengo que perder 5 ó 10 libras".
"Pero, ¿qué come: vegetales, frutas o qué?
"Ahora estoy tratando de perder ese peso y como gran cantidad de vegetales y ensaladas."
"¿Le gusta la comida Tex-Mex?"
"Sí, (dice riéndose) pero yo no le gusto a ella."
"¿Cuál es su música favorita, además de la de Elvis?"
"Bueno, me gustan los Statlet Brothers, me gusta Tom Jones. Pienso que Tom Jones es un intérprete muy bueno. Hace mucho tiempo, en los setentas, o al final de los sesentas, no me acuerdo

Elvis: la tumba sin sosiego

bien, vi a Tom Jones en las Vegas e hizo gran impacto en mí."
"¿Cuáles son sus películas preferidas? ¿Le gusta ir al cine?"
"No, señora, realmente hay demasiada basura en las películas. Hay mucha tensión y sexo en las películas, y pienso que eso no debe estar en las películas."
"¿Entonces no ve ninguna película?"
"No muchas, señora."
"Pero, dígame, ¿es usted un fundamentalista, un religioso radical?"
"No, señora, no soy radical."
"Pero, ¿le gustan las comedias en el cine?"
"Sí, señora, me gustan las comedias, pero pienso que no deben hacerse esas películas con tanto sexo y violencia."
"¿Y cuales son las películas viejas que prefiere?
"Me gustan mucho las películas viejas. De Clark Gables, Marlon Brando —realmente me gustan mucho las películas de Marlon Brando y muchas otras de los cincuenta—. Y Tony Curtis también me gusta mucho."
"¿Qué hace usted en su tiempo libre?"
"Me gusta montar a caballo."
"¿Tiene usted un caballo?"
"Sí, señora. Tengo uno."
"¿Cuál es el nombre de su caballo?"
"Lady."
"¿Es hembra?"
(Riéndose) "Sí, señora."
"¿Cuál es su pueblo favorito?"
"Me gusta estar en el campo. Me gusta Alabama, Mississippii..."
"¿Y cuál es su país preferido? ¿Ha estado usted en el extranjero?
"Sí, señora, hace tiempo, mucho tiempo, estuve afuera, hace años. Algunos lugares como París, por ejemplo, fueron realmente divertidos, pero eso fue hace mucho tiempo."
"¿Le gusta a usted algún país en especial? ¿Le gustaría viajar ahora a algún otro país?"
"No realmente ahora, señora. Con la cantidad de problemas que hay en el mundo, pienso que es mejor estar acá en Estados Unidos."
"Bueno, Ron me dijo que a usted le gustaba juga al bingo..."
"Solía hacerlo, pero algunas veces la gente que estaba alrededor comenzaba a hacerme preguntas que yo no podía responderles..."
"¿Tiene usted un perro?"

Elvis: la tumba sin sosiego

"Tuve un perro, pero murió hace unos meses."
"¿Tiene algún gato?"
"No, señora. Me gustan, pero cuando uno está viajando es difícil cuidar los animales."
"Me encantan los animales, tengo gatos y una perra en casa..."
"Hace tiempo tuve un pequeño zoológico... Tratamos de conseguir un hipopótamo, pero no fue posible. Teníamos pájaros, y gallinas hace mucho tiempo..."
"Cuando yo era niña teníamos en casa un mono."
"A mí me gustan también los monos, son tan divertidos..."
"¿Habla usted otro idioma?"
"No, señora."
"¿Le gusta otra lengua?"
"Me gusta la forma en que habla la gente de Inglaterra, me gusta ese acento."
"He hecho veinte *shows* en lo que va de año."[Enero y febrero]".
"¿Veinte? !Tremendo! Pero Bárbara me dijo que usted no se presentaba en clubs, o bares, ¿dónde entonces?"
"Voy a centros de convenciones y he dado conciertos especiales para distintas organizaciones."
"¿Cuál es el color de su pelo?"
"¿El que tengo ahora, o el que tenía?"
"Su color natural, el que usted tenía."
"Algo entre castaño rubio."
"Pero, ¿usted se tiñó el pelo?"
"Sí, señora."
"¿De qué color?"
"Negro."
"¿Usted tiene el pelo corto o largo ahora?"
"Lo tengo cortado sobre los hombros, más o menos. Es difícil de ver con las patillas."
"Pero, ¿realmente su pelo está canoso?"
"Sí, señora."
"¿De qué color son sus ojos?"
"Azul, señora."
"¿Qué usted piensa acerca de los libros escritos sobre Elvis?"
"Muchos son una pila de basura. Realmente me hacen sufrir."
"¿Y qué usted piensa del libro de Albert Goldman sobre Elvis? Para mí es espantoso."

Elvis: la tumba sin sosiego

"Eso es un montón de mentiras y ya me olvidé de quién lo escribió. Hay una cantidad de libros así y realmente me preocupa cómo la gente puede hacer dinero en esa forma."

"¿Conoce usted a Jimmy Ellis?"

"Me lo encontré una vez hace tres años en Dallas. El estaba cantando en Dallas y yo estaba allí y diría que no me impresionó tanto."

"Pero, él canta como Elvis, ¿no? A mí me parece fantástico. A propósito, ¿qué piensa usted del libro de Gail Brewer-Giorgio, *Is Elvis Alive*? ¿Piensa usted que es un buen libro?"

"No, señora, pienso que no. Algunas de las cosas son ciertas, otras no lo son en absoluto. Por ejemplo, la grabación que ella da con el libro..."

"¿Usted piensa que esa grabación es falsa?

"Sí, absolutamente".

"¿Y qué usted piensa del programa The Elvis Conspiracy. Por ejemplo, además de la presentación que hacen de usted, ¿recuerda que otras personas dicen ahí haber visto a Elvis en diferentes sitios, en Alabama, en Ohio...?"

"Yo realmente no entiendo cómo pudieron hacerlo, porque cuando el programa salió yo tuve que mudarme; yo estaba viviendo en Fort Worth y como tengo una casa abierta en Ohio pues tuve que mudarme de nuevo para Ohio."

"¿Cree usted que es verdad que han visto a Elvis en Kalamazoo?"

(Vacila, sopesa la respuesta y se demora en contestar) "Pienso que no es verdad."

"Dígame, por favor, ¿cómo Elvis y su espíritu han cambiado su vida?"

"Ahora me intereso más por la gente que me rodea, porque como usted y yo sabemos Elvis fue un hombre conciente, él realmente se preocupaba por todos los que le rodeaban; y cuando yo salgo y subo al escenario, mi principal meta es entretener a la gente y cuando yo termino el *show* y veo las sonrisas en los rostros, mi corazón siente la satisfacción de saber que los he entretenido. Siempre trataré de que la gente se sienta feliz y pase un buen rato, como cuando en los setentay los sesenta, cuando Elvis..."

"¿Ha soñado usted alguna vez con Elvis?"

"No, señora."

"Bueno, yo he soñado varias veces con Elvis."

"Nunca he soñado con él."

"¿No sueña usted nunca con nada?"

"No con Elvis, algunas veces conmigo. Y parece

que cuando yo practico mi música en sueños y todo va bien, pues luego todo me va bien ese día".
"¿Sueña usted en blanco y negro o en colores?"
"Algunas veces sueño en colores."
"¿Es usted una persona tímida?"
"Hace mucho tiempo lo era. Cuando yo estaba en el High School hace mucho tiempo yo era muy tímido".
"¿Usted escribe también canciones?"
"He tratado de escribir un par de canciones, pero no han salido.
"¿Ha leido lo que yo escribí sobre Elvis y le envié?"
"Sí, le he echado una mirada. Ron le dio todo a Rudy y Rudy tradujo para mí varias estrofas, de lo que usted escribió sobre Cuba y todo eso."
"¿Rudy trabaja para usted?"
"Es como uno de mis guardias de seguridad, sí señora."
"¿Usted piensa que podré verlo en alguna de sus actuaciones?"
"Realmente no sé, no tengo ningún concierto por el momento en el noroeste. Pero Bárbara puede enviarle algunas fotos mías."
"¿Y no me podría enviar también algunas cintas y algún video suyo?"
"No sé, nunca me preocupo por esas cosas."
"¿Tiene usted algún disco grabado?"
"No, un disco de un Elvis *entertainer* es muy difícil de hacer.."
"Pero, dígame, por favor, ¿por qué Ron me dijo que usted prefiere no ir a lugares grandes? ¿Cómo puede usted conseguir ser bien pagado en esa forma?"
"Sí, señora, pero el dinero no lo es todo cuando usted es un *entertainer*. No, realmente no necesito el dinero de esa forma. Todo lo que quiero hacer es entretener y cuando me subo al escenario, y estoy entreteniendo, estoy dando algo de mí y todo eso vuelve a mí, y esa constante corriente de energía va y viene, va y viene, y yo estoy allí y los entretengo ... ; ésa es mi vida, entretener a la gente..."
El resto de nuestra conversación giró a partir de entonces en torno a mi deseo de verlo actuar, y las posibilidades reales de que esto ocurriera. Le expliqué que siendo desde muy joven una admiradora de Elvis, y por el hecho mismo de vivir en Cuba y sufrir el aislamiento impuesto por la revolución, no tuve posibilidad de asistir a un concierto de Elvis. Además, me permití contarle, no sin cierta vergüenza, —como si el propio Elvis estuviera escuchan-

Elvis: la tumba sin sosiego

do mis tonterías—, que siendo una estudiante de secundaria, mis compañeras me encontraban cierto parecido con él y me llamaban Elvis, y también, le hablé de esa extraña coicidencia de que en el nombre de Belkis estuviera el de Elvis.

Luego, mientras le narraba lo que me sucedió en mi casa de La Habana, aquel 16 de agosto de 1977, cuando a las siete menos cinco de la tarde recibí un "mensaje" donde se me decía que encendiera la radio para que supiera quién murió, Jon Burrows me interumpió suavemente con estas palabras: "Puedo decirle una cosa: que Elvis no murió en 1977".

Me sentí turbada por su rotunda afirmación y no pude menos que contradecirlo: "¿No? Pero yo recibí ese mensaje telepático, o como usted quiera llamarlo, y de algún modo Elvis murió ese día, aunque el espíritu nunca muera". A lo que él asintió, con su cortés y habitual: "Sí, señora".

Poco tiempo después recibí las fotos de Jon Burrows. Mi primera impresión fue de desconcierto. De las once enviadas, a lo sumo tres parecían ser de la misma persona. Era evidente que la confusión era mía, y no tardé en determinar; que, en efecto, aquel era el mismo Jon en distintas circunstancias.

Alto, de pelo negro y patillas, enmarcaba sus ojos con los tradicionales espejuelos que constituyen ya el estilo "Elvis". No estaba gordo y su complexión física recordaba la del cantante cuando éste lograba mantener a raya su peso. Aunque representaba muy bien menos edad, yo podía suponer que, tendría también la de Elvis ahora, es decir, 58 años.

Supongo que la policía, cuando trata de establecer la identidad de alguien, utilice los mismos métodos que apliqué yo para estudiar los rasgos y las características más sobresalientes de Jon Burrows. No me fue fácil, porque sin duda los espejuelos eran un factor disturbante, que cambiaban de modo radical la fisionomía de una persona. Pero en el caso de Jon Burrows mi estupor se fue acrecentando con los días. En primer término, me dediqué a desmontar el rostro de ambos hombres y a estudiar por separado, comparándolas, las distintas partes, desde la cabeza a los pies. Es sorprendente comprobar que Elvis era también "el hombre de las mil caras", aunque estemos tan habituados a su conocido rostro.

Mi análisis —tomando todo tipo de fotografías de distintas etapas de Elvis e imaginando cómo hubiera podido ir cambiando con los años— me llevó a una única conclusión: en Jon se daban muchas de las características físicas de Elvis. El óvalo del rostro,

Elvis: la tumba sin sosiego

el pelo, la barbilla, los hombros, el cuello y las manos hubieran podido muy bien ser los de Elvis. Incluso el modo de pararse lo reproducen. Ninguno de los *impersonators* que aparecen, por ejemplo, en el libro *I am Elvis* se le asemeja tanto o puede reproducir esa pose suya tan característica de tensar el cuerpo con las piernas abiertas.

Pero yo no podía llegar a ninguna conclusión final porque los ojos estaban ocultos tras aquellos espejuelos, y —lo más desconcertante— la nariz era distinta a la de Elvis y en varias ocasiones, diferentes ellas mismas entre sí. Recordé lo de la cirugía plástica de que me había hablado Ron, y también un insólito anuncio de un periódico neoyorquino donde se ofrece cambiar la nariz en 15 minutos —!y sin cirugía!

La famosa sonrisa de Elvis sólo aparecía esbozada en Jon en una de las fotos tomada a cierta distancia y era difícil de precisar, porque lo que mostraba era su perfil derecho, el menos característico en Elvis.

Lo impactacte para mí fue ver a Jon Burrows en una foto de perfil (también del perfil derecho) dentro de su automóvil, pero esta vez vestido deportivamente, con una de esas combinaciones atléticas que usaba Elvis (azul, por; supuesto), con el cuello levantado, y esa pose suya pensativa, mezcla de ausencia y melancolía que le hemos visto tan a menudo. ¿Hubiera podido negar que aquella mano que se mostraba ensortijada no era la mano con los característicos nudillos de Elvis? ¿Que aquel perfil me lo recordaba en toda su plenitud, aunque hubiesen pasado quince años? Amplié y reproduje la foto y la colgué frente a mí: ¡cuántas emanaciones extrañas recibía yo de esa imagen!

Luego, estaba aquella otra, en la que vestido con un traje marrón oscuro de calle, aparece en ademán de abrir la puerta de su casa: una construcción al estilo sureño de Graceland, aunque más moderna, y en la que el misterio y el tiempo habrían obrado de modo casi mágico. Les diré por qué: esta foto tiene la propiedad increible de poder ser vista como si estuviera en tercera dimensión. Hay un perrito blanco y negro que duerme en los primeros escalones y que permanece imperturbable, sabedor de que aquel hombre es su dueño. Los árboles que rodean la casa complementan la visión, y como es otoño, algunas hojas secas se acumulan a un costado. Al frente puede verse la parte posterior, del limosine negro de Jon.

Lo impactante para mí fue descubrir que en una de las ventanas que dan a la calle aparecía la clara imagen de un indio *cherokee*, vestido con su típico atuendo, un collar de hueso, y en una de las orejas una pluma en función de arete. A su lado se ve

Elvis: la tumba sin sosiego

a un niño, vestido de blanco, que no rebasa los primeros años. La impresión que me produjeron estos "fantasmas" no tuvo paralelo cuando días después observé de nuevo la foto y decubrí que entre los árboles, en un recuadro perfectamente definido, aparecía claramente el busto de Gladys Presley y a su lado alguien que sin duda recuerda a Gandi o se asemeja a un indú. La Gladys de esta foto es una mujer más bien joven, y tan clara es su imagen que hasta es posible apreciar el diseño de su vestido.

A partir de ese momento la "lectura" de la foto comenzó a revelarme otras cosas: un Jesucristo con barba y túnica, en la parte superior del ala derecha de la casa; una cruz amarilla entre los arboles; otra cruz en medio del interior de la casa —una de las ventanas está abierta y puede verse hacia adentro— un hombre, vestido de blanco, asomado a la ventana superior de la izquierda y, aún más sorprendente —si a estas alturas ya esto es posible— el rostro de un Elvis muy joven sobre un costado niquelado del limosine.

Es evidente que no se trata de ninguno de esos fenómenos de ilusión óptica tan estudiados por la sicología o de un truco fotográfico, pues todas estas imágenes pueden ser observadas, con un poco de atención, a simple vista. Aunque no conozco la explicación racional de este fenómeno, puedo suponer que se trata de una fotografía única en su clase. Mucho se ha hablado y escrito sobre los ectoplasmas y cómo algunas fotograifías han logrado captarlos, pero ésta es la pr,imera vez que puedo compriobar por mí misma algo semejante. Estoy segura de que Jon Burrows me envió la foto sin haberse percatado del extraordinario fenómeno. Y hablando en términos metafísicos, no me cabe dudas de que estos son sus espíritus acompañantes, de los cuales él no tendrá idea, aunque no se necesite poseer actitudes síquicas especiales para verlos a simple vista.

A instancias mías me concedió una segunda entrevista telefónica para ampliar, y enriquecer mi capítulo sobre él. Pero en el intermedio hablamos brevemente cuando una noche me llamó desde Albuquerque, New México, momentos antes de salir al escenario, para agradecerme un pequeño libro sobre los ángeles que yo le había envia.

Nuestra segunda y fructífera conversación — a pesar de que él se encontraba enfermo con el flu—, fue determinante para adentrarme mejor en su carismática personalidad. Veamos algunas de las cosas que me dijo:

"Jon, quisier,a preguntarle primero que nada, ¿cómo en 1978 usted encontró a Dios y se convirtió en su salvador? ¿Ocurrió algo especial?"

Elvis: la tumba sin sosiego

"Un muy buen amigo me dio algunos libros y leyendo la Biblia encontré la verdad."
"Pero, ¿Dios apareció en frente de usted o algo así?"
"No, solamente en mi corazón. Sentí en mi corazón que Jesucristo, el hijo de Dios, había muerto por mí."
"¿Fue como un milagro?"
"El milagro fue que cambié mi vida después que acepté que Jesucristo salvó mi vida. Y todo me fue mejor. Y dejé el alcohol y aquellas drogas."
"¿Qué clase de drogas usted consumía?"
"Bueno, usted sabe, algunas para mantenerme despierto."
"¿Qué parte de la Biblia usted prefiere?"
"El Nuevo Testamento. Me gusta El Libro de los Romanos. El Libro de los Romanos rige la verdadera vida cristiana; si alguien peca todos los días —nadie es perfecto— lo que tiene que hacer es cambiar su forma de vida. Si hizo algo malo tiene que parar de pecar y cambiar la forma en que vive y eso realmente tiene una compensación."
"¿Cuántas veces al día usted abre la Biblia o reza?"
"Depende, pero rezo todos los días y trato de leer la Biblia. Pero eso tiene que estar en tu corazón y tu espíritu, eso es lo que cuenta. Alguna gente dice que uno tiene que ir a la iglesia para ser un cristiano, perio eso no es verdad. Está en tu corazón, en lo que tú crees. Yo trato de hablarle al Señor todos los días y algunas veces puedo saber así qué hacer."
"¿Recibe mensajes de Dios?"
"Algunas veces sí, otras no."
"¿Tiene con usted algunos otros libros religiosos además de de la Biblia?
"Sí, tengo otros libros escritos por otras personas. He leido diferentes libros relacionados con la iglesia y la venida del Señor."
"¿Le gusta leer?"
"Sí, mucho. Todo eso es muy bueno para uno mismo, especialmente la Biblia."
"¿Pero lee usted literatura, ficción?"
"No."
"¿Qué es para usted una persona honesta?"
"Una que es sólo verdadera, en la medida de sus posibilidades."
"¿Confía usted en la gente?"
"Sí, señora. Confío en la gente hasta que veo que ya no se puede confiar más."
"¿Qué significa para usted la amistad?"

Elvis: la tumba sin sosiego

"Es tener a alguien en quien uno pueda confiar, en quien uno tiene fe. Cuando tienes amistad tienes algo, de modo que si haces una promesa tienes que mantenerla."

"¿Cuántos amigos íntimos tiene? ¿Son hombres o mujeres?"

"Pienso que tengo cinco íntimos amigos en los que realmente puedo confiar y muchos otros a los que no les puedo decir todo; son los llamados *amigos*. Hombres y mujeres."

"¿Cree usted en la reencarnación?

"No, señora. Antes sí, hace mucho tiempo creía, pero no ahora."

"¿Pero usted cree en la vida más allá de la muerte?"

"Creo que si usted muere va al cielo o al infierno. Si va al infierno lo que experimente será paria siempre, y si va al cielo también será para siempre. Sí, señora, creo en la vida después de la muerte."

"¿Cuál es su idea de Dios, es una fuerza de la naturaleza o qué?"

"Pienso que es amor. Porque Dios dio su único hijo para que todos nosotros fuéramos salvados y murió en la cruz por nosotros y resucitó."

"¿Cree en la telepatía?"

"Algunas veces pasa, pero realmente no creo en eso totalmente."

"¿Piensa que se puede hablar con los muertos?"

"En mi alma lo hago, pero no realmente. "Recuerdo que cuando mi padre murió, en 1979, yo le hablaba alguna que otra vez, en esos días malos y decía: "Te echo mucho de menos. Aunque sé que realmente no le estaba hablando a él."

"¿Ha oído voces, o ruidos, o ha sentido a sus familiares muertos?"

"Algunas veces veo a alguien o algo en los conciertos, alguien que yo sé que está muerto. Pero es sólo eso."

"¿Tiene usted ahora paz interior,?"

"Sí, he conseguido mucha paz."

"¿Es usted feliz? ¿Qué cosas necesitaría para ser más feliz?

"Sí, soy feliz. Pero hay una gran cantidad de cosas.... (parece turbarse), pero es una respuesta muy dificil... hay muchas cosas... no estoy muy feliz ahora..."

"Pero usted me dijo que era feliz..."

"Bueno, no necesito ser más feliz, pero uno ve gente que está peleando y... la gente necesita amarse más, y confiar más en otros y el mundo será más feliz. Y si el mundo es más feliz todo el mundo será más feliz."

"¿Ha tenido usted alguna crisis nerviosa?"
"Bueno, fue hace mucho tiempo..."
"¿Cree usted que los hombres lloran también?"
"Sí."
"¿Cómo se siente acerca del machismo?"
"Pienso que es una respuesta individual, no sé, pero creo que el hombre es un hombre y la mujer, una mujer,. Y que los hombres lloran. Y pienso que eso no tiene nada que ver con que se sea o no un verdadero hombre."
"¿Piensa usted que las mujer.es tienen que quedarse en casa para criar a los hijos?"
"No, señora. Realmente no lo pienso. Hace tiempo yo pensaba otra cosa, pero los tiempos han cambiado y ya no es lo mismo."
"¿Le gustan los niños?"
"Sí, señora."
"¿Tiene usted hijos?"
"Sí, señora. Tengo una hija."
"¿Cómo fue su infancia? ¿Odia recordarla?"
(Vacila) "Fue solitaria a veces, creciendo como un hijo único..."
" ¿Fue usted hijo único?"
"Sí."
"¿Quién ha sido la persona más importante en su vida?"
"Cuando era un niño pequeño, mi mama, cuando crecí, después que mi madre murió, mi *daddy*."
"¿Qué memorias tiene de su madre?"
"Ella era tan bondadosa, una mujer tan buena..."
Siento que debo cambiar el tema, hay demasiada emoción en su voz:
" ¿Cuál es su color preferido?"
" El azul"
"¿Y su perfume favorito?"
"He cambiado con los años. Me gusta Old Spices, algunas veces.
"¿Usa usted una cadena con una cruz alrededor de su cuello?"
"Algunas veces. Pero ahora, en este momento, no estoy usando ninguna joya."
"¿Cuáles son —además de las de Elvis, por supuesto—, sus ropas preferidas?"
"Me gustan los pantalones, las camisas sueltas. No me gusta usar Levis. Me gusta usar botas, pero no botas de cowboy."
"Hábleme, por favor, de la televisión. ¿Mira usted la tele-

visión?"
"Un poquito, no tengo mucho tiempo."
"¿Cuántas horas durante el día ve la televisión?"
"Probablemente sólo tres horas a la semana."
"Cuando lo hace, ¿cuáles son sus programas favoritos? ¿Ve los deportes?"
"Me gusta mirar los juegos de fútboll. Me gustan los equipos de Pittsburgh y los Dallas Cowboys."
"¿Le gusta caminar?"
"Algunas veces lo hago, pero me gusta montar a caballo."
"¿Le gusta estar en contacto con la naturaleza?"
"Algunas veces me gusta ir al campo y estar a solas un poco."
"¿Siente que Dios está en todas partes, en todas las cosas?"
"Sí."
"¿Ha estado alguna vez en la ciudad de New York? ¿Le gusta?"
"Hace mucho tiempo estuve, pero no, realmente no me gusta."
"¿Podría usted, por favor, describirme un día regular en su vida cuando no está trabajando?"
"Me gusta levantarme a las tres o cuatro de la tarde, llamar a un amigo, dar una vuelta y hacer; sólo lo que deseo entonces. Algunas veces esto significa no hacer nada, otras, si hay una buena película... Algo así. Me gusta ir al cine."
"¿Va entonces al cine con frecuencia?"
"Me gusta ir; al cine, pero ya no abundan las buenas películas. Me gustan las películas divertidas."
"¿A que hora se va usted a la cama cuando no está trabajando?"
"A las tres o cuatro de la mañana."
"¿Padece de insomnio?"
"No, no más. Tenía ese sufrimiento, pero ya no."
"¿Se cocina usted mismo?"
"Algunas veces trato de hacerlo."
"¿Sabe cocinar,?"
"Sí, señor,a, pero sólo un poquito."
"¿Va usted al supermercado o al Mall?"
"Tengo problemas cuando voy al supermercado y cuando voy a los Malls, porque la gente me pide el autógrafo. Y cuando uno es un *entertainer* y va a los lugares públicos, uno quiere que lo dejen tranquilo, pero la gente insiste a veces detrás de mí. Y por supuesto, yo les doy mi autógrafo, pero es difícil a veces..."

Elvis: la tumba sin sosiego

"¿Porque ellos piensan que usted es Elvis?"
"Sí, señora."
"¿Ha estado usted enfermo en los últimos dos años?"
"Tuve un virus en la laringe. No pude cantar el último año. Mi garganta estaba muy mala."
"¿Como resolvió el problema que usted me dijo había tenido con las drogas, fue a algún hospital?"
"Cuando la primera vez tuve ese problema fui al hospital. Algunas veces durante diez días, otras, más tiempo."
"¿Si usted no fuera Jon Burrows, quién le gustaría ser?"
"Realmente es una pregunta difícil. Nunca nadie me había pedido que contestara esto".
"¿Le gustaría ser, por, ejemplo, Elvis?"
"(Categórico) No, señora. Sólo me gustaría ser alguien en quien los demás vieran a un hombre cristiano y que si alguien tuviera un problema yo pudiera quizás ayudarlo. No sé..."
"Bueno, pues si yo no fuera yo, me gustaría ser la mujer aquella, la enferma que le tocó el manto a Jesucristo, ¿recuerda? Y que entonces El dijo: "¿Quién ha tocado mi manto."
"Esa mujer tuvo fe."
"Sí, esa me gustaría ser yo. (Reímos) Pero, dígame, ¿cómo le gustaría ser recordado?"
"Alguien que realmente se preocupó por la gente."
"¿Piensa usted que la gente lo recordará?"
"Sí, señora, algunos sí."
"¿Son importante para usted los *fans*?"
"Sí, señora. Si no fuera realmente por los *fans*, me pregunto si no estaría manejando un camión, no lo sé."
"¿Cuánto tiempo será usted un Elvis *entertainer*?"
"Realmente, pienso, mientras la gente quiera verme. Cuando la gente deje de venir al *show* y la gente no disfrute con el *show* será tiempo para mí de retirarme."
"¿Es muy importante para usted su trabajo?"
"Es muy importante. La razón, volviendo a los *fans*, es que sólo lo hago por los *fans*. Estoy en un tipo de situación que no necesito hacerlo por el dinero. Solamente por los *fans* me mantengo haciéndolo."
"¿Le gustaría otro tipo de vida?"
"Algunas veces la deseé, pero quiero mantenerme en lo que hago. Me gusta ser un *entertainer*."
"¿Está usted envuelto todo el día en su música?"
"Sí señora."
¿Canta cuando está a solas?"
"Algunas veces lo hago. Realmente me gusta cantar *gospel*

songs. Disfruto mucho con esas canciones."
"¿*Gospels*? ¿Cuáles son sus preferidas?"
"¿Mis preferidas? Tengo muchas, pero hay realmente una, "I am saved"..."
"¿Va a los conciertos de *gospels*?"
"A veces lo hago, pero es muy difícil para mí, viajo mucho. Es lo mismo que con la iglesia. Pero tengo gran cantidad de grabaciones de *gospel* y las oigo."
"Qué clase de miedos tiene?"
"Hace tiempo tenía miedo a volar, pero ya no. Algunas veces no sé lo que pasará, y eso de estar solo...."
"¿Está usted temeroso de estar solo?"
"A veces. De que me dejen solo y nadie se preocupe por mí. Que todos me dejen y que no me quieran más. A veces eso me inquieta. A veces, digo, estoy temeroso de que mis amigos y todos me abandonen. Que me dejen solo y nadie se preocupe."
"¿Le da temor la idea de morir?"
"Ya no más."
"De acuerdo a usted, si Elvis estuviera vivo, ¿cómo piensa usted que pudo fingir su muerte?"
"Hay muchas versiones... Pero, Elvis lo hizo protegido por el gobierno. Tengo una nota acá... ¿Usted sabe cómo le decía Elvis a Priscilla? Satnin, así era como Elvis la llamaba. Tengo una nota que dice que él no murió y la firma Satnin."
"¿Leyó usted en uno de esos tabloides lo que dice Gaill Brewer-Giorgo en su libro, acerca de que Priscilla ayudó a Elvis a fingir, su muerte?"
"Sí. Pero eso no es verdad. Tengo esa nota aquí ahora (comienza a leérmela). "I can't say and I will not say that he is not dead. Just he is away. And I can't say and I willl not say that he is dead. But he is just away". Y ésa es la nota."
"¿Y usted piensa que Priscilla está diciendo la verdad?"
"Realmente yo pienso que tanto Priscilla como Lisa Marie dicen siempre la verdad en todo."
"Sí, claro...Pero bueno, mi libro no trataría de probar nada, ni si Elvis está vivo o no. Mi intención es desentrañar, si fuese posible, quién fue realmente Elvis en otro plano, el espiritual. Ahora apareció usted y siento que es muy importante para mi libro, porque en efecto creo que usted encarna el Espíritu de Elvis. Siento que de algún modo usted es como Elvis. No sé cómo usted se sentirá sobre este particular..."
"Es muy confuso algunas veces..."
"Sí, porque usted no es una persona esquizofrénica, ¿no?"
"No, señora."

Elvis: la tumba sin sosiego

"Sé que usted se parece a Elvis, siente como Elvis, canta como Elvis. Pero yo sé que usted no es Elvis..."
(Me interrumpe) "Sí, señora. Eso es correcto."
"Me gustaría que usted fuera Elvis, pero (nos reimos) sé que eso no es posible. ¿Cómo se siente usted realmente con esto? ¿Usted trata de ser como Elvis?"
"No señora, yo sólo trato de ser yo mismo. Sólo trato de ser Jon Burrows, que es quien soy. Me gusta entretener a la gente y lo hago lo mejor que puedo. Y que la gente sienta que ellos han vuelto a ver a Elvis Presley en concierto y se marchen felices de haber, sido entretenidos. Y eso es sólo lo que quiero hacer, entretener a la gente."
"Pero, dígame, Jon: usted sabe que todo lo que me ha estado diciendo coincide, son las mismas cosas de Elvis. Trataré de explicarme mejor: muchas cosas de su vida son como las de Elvis... ¿No es cierto?
"Sí, señora. Muchas de las cosas..."
"Y siento que usted no me está mintiendo."
"No, señora."
"Déjeme decirle entonces que estoy muy confusa también, porque yo no sé cómo no siendo usted Elvis luce como Elvis, siente como Elvis, camina como Elvis y canta como Elvis. ¿Es un milagro, ¿No?"
"Sí, señora, lo es. Dios hace cualquier clase de milagro."
"Y por otro lado, usted está constantemente escondiéndose."
"Sí, señora. Después del programa de televisión, la vida es muy difícil para mí."
"Pero, ¿por qué, Jon, si usted no es Elvis tiene que esconderse?" "Tengo una vida pública y no puedo tener una vida privada. Y cuando vivo mi vida privada me gusta estar en privado. Hay una gran cantidad de gente alrededor tomando fotos. No me importa que la gente tome fotos en público cuando soy un *entertainer*. Pero me gusta ser yo mismo y que me dejen solo un rato."
"Lo entiendo, es muy difícil..."
"Sí, señora, son muchos, muchos años..." di ce en un susurro, como hablando consigo mismo.
"Me gustaría intentar explicarle a la gente en mi libro que todo eso es pura coincidencia, pero no creo que logre hacer cambiar a nadie. En primer término, pienso que no me creerán, dirán que estoy mintiendo."
"Todo lo que puedo decir es que escriba la verdad y cuando la lean que piensen lo que quieran..."
"Bueno, pensarán que cómo puedo decir que esa persona es

Elvis: la tumba sin sosiego

como Elvis y no es Elvis y cómo es que no podemos verlo..."
"Bueno soy sólo un *entertainer*, eso es sólo lo que soy."
 Le explico entonces lo difícil que es escriibir sobre alguien que uno no ha visto e insisto en la necesidad de que nos encontremos en persona en un futuro inmediato. Jon no me objeta, pero dice no saber cuándo eso pueda ocurrir. En su lugar promete enviarme un video con alguna de sus actuaciones.
 Cuando la conversación va por otros derroteros y le cuento mi impresión frente a la tumba de Elvis, y la sensación que recibí de que no estuviese él allí, Jon me interrumpé para corroborar mis dudas: "El cuerpo de Elvis no está allí, no, señora".
 Y a la hora de despedirnos, Jon, que ha estado haciendo un gran esfuerzo, pues esa noche se ha sentido muy enfermo con el flu, me repite la frase con que Elvis se despidió del público en su último concierto: "Till we meet again. Adios".
 Lo ha hecho quizás por deferencia conmigo, para utilizar ese "Adios" en español y no puedo menos que sonreirme agradecida, aunque en el fondo de mi alma, esa especie de epitafio de Elvis me conmueva hasta las lágrimas.

 Una semana después me envió un video con una de sus actuaciones, un colgante con el famoso emblema TCB de Elvis y una carta.
 Me regalaba su TCB, porque era una prenda que él había usado y que pensaba me complacería. Yo le había hablado de mi teoría de que mientras escribía sobre alguien necesitaba estar en contacto con los objetos materiales que pertenecían a esa persona. Le había contado también que cuando estuve en Graceland, pasé mis manos, por esa misma razón, por todos los objetos que tuve a mi alcance en aquella casa-museo, porque era mi modo de comunicarme con la energía de Elvis.
 Si la letra de la carta que Jon Buriows le había escrito al profesor Wasson, era según la experta en grafología, un 80 por ciento igual a la de Elvis, la que me escriibió a mí no dejaba lugar a dudas de que dos personas distintas pueden tener los mismos rasgos a la hora de escribir un manuscrito.
 Esta vez la letra de Jon Burrows era mayor y no pudiera decirse que hubiese escrito su carta con el ánimo explícito de que yo encontrase similitudes entre él y Elvis. Estaba llena de espon-

Elvis: la tumba sin sosiego

taneidad, como las cartas de la gente sincera, que nada tienen que ocultar, ni mucho menos aparentar.

Claro que era sorprendente que los rasgos de la letra de Elvis fuesen más que evidentes ahora en estas líneas de Jon. ¿Vendría esto a corroborar mi tesis de que en casos excepcionales, el espíritu de alguien puede sobrevivir en otro, sin que podamos explicarlo científicamente?

Por pura casualidad, casi una línea completa de la carta de Jon también aparecía en la que Elvis le había enviado al Presidente Nixon. Veintitrés años habían pasado desde entonces —hasta hoy que escribo esto— y se sabe que las letras, con el paso de los años, tienden a hacerse más irregulares. Pero como ocurire con los rostros, las arrugas no borran nunca algunos rasgos esenciales. Así sucedía ahora con esta letra. De algún modo, la letra de Elvis estaba allí, como si su mano, un poco más envejecida, hubiese escrito esta carta a través de su Espíritu.

Agradecí mucho el envío de Jon, pues era un modo más de completar la imagen que me había hecho de él. El video con su actuación, aunque sólo me permitía verlo cantando "You've Lost That Lovin' Feelin'", me sorprendió aún más, sin embargo. Ahora me daba cuenta de yo no tenía una idea cabal de hasta qué punto Jon Burrows encarnaba el Espíritu de Elvis cuando lo vi allí frente a mis ojos, cantando con su misma voz, sentí lo que sienten los testigos de un milagro.

Y como la cinta de video había recogido el instante mismo en que Jon, a su llegada al hotel, salía del limosine y atravesaba el largo pasillo hacia el escenario, la impresión de estar en presencia de un Elvis para quien el tiempo no se hubiera detenido, me hizo sentir extraña, y trasportada como Alicia a través del espejo mágico.

Luego, en escena, mientras Jon cantaba transformado en Elvis, con aquellos movimientos suyos de cabeza y hombros tan característicos, tampoco podía asegurar, junto a ese público que gritaba emocionado, que no estuviese soñando. El milagro se había producido sí, aquél era el Espíritu de Elvis.

DOCUMENTOS

Update on Jon Burrows
by David Wasson

DRAFT

Last December I agreed to do a taped interview with Bill Bixby as a part of a sequel to *The Elvis Files* which aired in August, 1991. Mr. Bixby interviewed me three weeks prior to the January, 1992, program now called *The Elvis Conspiracy*. At the time I made the tape, I believed the program was a serious attempt to continue the investigation into the question of Elvis-related events since August 16, 1977.

My part of the program had to do with a handwritten letter I received from Mr. Jon Burrows. Monte Nicholson, a novelist by avocation and a professional fraud investigator for the Los Angeles Sheriff's Department by vocation, was attempting to discover if Jon Burrows was Elvis or an Elvis impersonator. Jon Burrows was an alias used by Elvis when he secured his DEA badge from President Nixon in 1970-71. Since Monte had participated in my June, 1991, summer college class about Elvis and his music, we agreed that I invite Mr. Burrows to participate in next summer's program.

Mr. Burrows sent me a handwritten reply to my first letter. At the time I was not sure how to take the letter, so I decided to assume that Jon Burrows was not just a prankster and I wrote to him again. He has responded. Whether Jon Burrows is really Elvis Presley, I cannot say with 100 percent assurance. I can say that Jon Burrows is a real person who communicates his ideas clearly and forcefully.

In my last letter to Mr. Burrows I discussed the rumors among the fan club newsletters that Elvis Presley read the book about Jesus, The Passover Plot, and staged his death. As both a historian and Christian, I told Jon that the thesis in The Passover Plot is totally false, that the death and resurrection of Jesus is one of the most attested events in history. I asked him how he could sing a song like *Amazing Grace* or *How Great Thou Art* and not believe in Jesus? Either Jesus rose from the dead, or Christianity is a hoax. Unlike other major world religions, Christianity is based on an event in history—the resurrection. No resurrection, no Christianity. Jesus went around claiming to be God. He told his enemies to kill him and he would come back to life in three days. If the thesis of The Passover Plot is correct, then we should all become Jews and look for the Messiah, or we should check out the other religions to see if life has any meaning.

I told Jon that many fans are praying for his salvation, or for his return to the simple faith he experienced in his youth and in his mother. Our church has been praying for Jon Burrows for over a year—not for Elvis, but for Jon.

In his response to that letter, Jon has asked me to let people know that he is a born again Christian, having come to know the Lord in a more real way in the early 1980's. He asks that people continue to pray for him, not for his salvation, but for his ability to share his faith in Jesus to others. He is not ashamed of Jesus and has helped many find a personal relationship with God through Jesus.

That's all I can share with you. The speculation about the return of Elvis is merely that—speculation. I believe that Jon Burrows is serious about his walk with God. Christians who read this should pray that God's will be done and that Jon seek the mind of the Lord in his relationship with others. Those who are not Christians, but who love Elvis, I recommend they listen to some of his gospel recordings and ponder the words Elvis sings.

—written April 6, 1992

© 1992, David W. Wasson Permission to duplicate is granted to any fan club or interested party if reprinted in its entirety, including this copyright statement. All other rights reserved.

Mohave Educational Services Cooperative
TECHNOLOGY EDUCATION SERVICES FOR ARIZONA SCHOOLS
515 WEST BEALE STREET   KINGMAN, ARIZONA 86401

September 17, 1991

Mr. Jon Burrows

Dear Mr. Burrows:

My name is David Wasson. I am the executive director of Mohave Educational Services Cooperative (MESC), the largest school service agency in Arizona, which since 1971 has been helping Arizona school districts plan, implement, and evaluate education programs for students. In addition to my primary job, I am a history instructor for both Mohave Community College (our local college), and Northern Arizona University.

For the past two summers I have taught history workshops on Elvis Presley. The main thrust in the class has been the study and analysis of the influence Elvis Presley has had upon American culture. For example, it is my opinion that Presley played a major, but unheralded, role in the Civil Rights Movement during the 1950's. He made black rhythm and blues music so popular with American youth that discrimination and racial intolerance became more difficult. How could young white Americans dance to and sing Negro music made popular by Elvis and keep the Jim Crow ideas of their parents?

The extraordinary talent of Elvis Presley that mixed R & B, gospel, country, and jazz to form a new kind of rock & roll is fun to study. His successful career in motion pictures and later concert tours is an incredible study of entrepreneurship and popular culture.

The workshop this past June featured the controversy around the death of Elvis. Invited guests on both sides presented documents. Jim Cole from Memphis presented the autopsy report of Elvis as evidence; Luc Dionne from Canada used the FBI files to support the theory that Elvis may be alive. Handwriting experts offered samples of his writing that appeared after August 16, 1977. We conducted the workshops on the positive level; students wanting negative material about Elvis had to go elsewhere. We found it a fascinating study of detective work and the employment of circumstantial evidence in historical investigation. The examination of the FBI files proved that Elvis had tremendous outside pressures during his life.. The files also demonstrate that if his death were faked, plenty of reasons were present for the hoax.

If you viewed the television special on Elvis and the FBI Files on August 14 then you know what happened in my class. Everyone on that show was involved in the Kingman class. I have been asked to teach a week-long workshop again in 1992. Unless I have a different approach to offer, I hesitate to repeat the class offered this summer. This is where you may come in; this year's class examined the possibility that the death of Elvis may have been faked. This idea has been and will continue to be explored on national television and through books by Luc Dionne and Gail Girogio. For the summer of 1992 history class, however, I want to offer students a "Living History" adventure.

Established in 1971 through the Mohave County School Superintendent's Office under ARS 15-365

page 2
September 17, 1991

Tourists visiting national historical sites enjoy living history presentations. For example, when I visited Appomattox Courthouse, a Confederate soldier told visitors what it was like to surrender after four-long years of fighting. In Fredericksburg, VA, I met and talked with General Robert E. Lee and Ulysses S Grant. At Ford Theater I saw Abe Lincoln.

It is my goal to find an Elvis "impersonator" who not only sings like Elvis, but knows his life history as if it were his own; then I believe a "Living History" offering would make another summer institute a worthwhile experience. The key is getting an impersonator who is "believable." In the examples I quoted, no one is alive today who knew Robert E. Lee or Abe Lincoln, making it easier for the living history actor.

I would want the living history Elvis to share his growing up years and memories of Memphis, the Sun contract, and early road show experiences. Students in class would ask questions about Elvis's views on music, movies, teenagers, and popular culture. If the living history Elvis is scintillating, all involved should have a great time. We would only cover the years up through 1977, concentrating on his early career.

▇▇▇▇▇▇▇▇▇▇▇▇▇▇▇▇▇▇▇▇▇▇ gave me your address. ▇ explained that you delight in"impersonating Elvis" in small towns and that you look like a "fifty-six year-old Elvis." ▇ told me to keep your phone number and address confidential (which I will).

I will be at the ▇▇▇▇▇▇▇▇▇▇▇▇▇▇▇▇▇▇▇▇ for the ▇ Annual ▇▇▇▇▇▇▇▇▇▇▇▇▇▇▇▇▇▇▇▇▇▇▇▇. During that week I will have some spare time. I would like to meet with you to discuss the ideas in this letter. If, by chance, you are using the name Jon Burrows for the same reason it was used in 1970, I will respect your privacy and cooperate with your tactic. Regardless of your position, I know you would have a most enjoyable time if we can agree on the living history approach.

▇▇

Enclosed with this letter is a copy of the brochure I developed for the class taught last June.

Sincerely,

David W Wasson

David Wasson

enclosures

October 15, 1991

Dear Mr. Burrows:

Thank you for your quick response to my letter and for your positive reception to the idea of a "Living History" college class on Elvis Presley.

In order for that idea to work, I must have an excellent "Elvis" impersonator. You have mastered Elvis' handwriting style; if you know his history as well as you know his handwriting, no doubt you'd be an excellent person for the class.

It takes time to plan, advertise, and prepare for a class like I am thinking. One thing has to be absolutely clear: the role of Elvis is being acted. I don't want to attract students who suspect the real Elvis will be participating and have them disappointed. Many fans believe Elvis is alive.

You said you will be out of state the end of this month. If your plans change, I will be registered at the Loews Anatole Hotel, 2201 Stemmons Freeway, in Dallas, Texas, between October 28 and November 1. The conference is named "1991 Technology + Learning...Making Schools More Productive."

I will be in Minneapolis at the MECC '91 Computers in Education Conference between November 21 and 26, staying at the Hyatt Regency on Nicollet Mall. In January, I will be attending an IBM conference in Atlanta. That is about all our budget will allow. If you plan to be in Las Vegas, I could drive up to see you. It is only two hours from Kingman.

Sincerely,

David Wasson

October 17, 1991

Dear Mr. Burrows:

Thank you for responding to my letter. I believe you wrote me in your own hand so I would know, without you having to reveal yourself. No doubt you are not sure of my motives since there are so many people trying to trace you down. It is not my goal to "find" Elvis Presley and make a name for myself. My phones are not equipped with tape recorders; I do not own a video camera. Although I admire your accomplishments, enjoy your music and a few of your films and feel your place in history is secure, I do not consider myself an Elvis fan like a Robin Rosaaen or Maria Columbus. The few male and female fans I have met through the classes I have taught convince me some of your fans would be your good friends. They are interested in you as a person and care about your best interest.

If you are looking for an unique way to "return" to the American public, I would be willing to cooperate so long as no deceptions are required with unprofessional hype. A college class might be one such way, if carefully planned; of course, no public announcement could be made that "Elvis" will appear--the town of Kingman couldn't handle the crowd!

If the FBI was involved in your "death," you might want an agent to call a press conference and officially welcome you back, out from the witness protection program. This would give you a professional forum to express how hard it has been for you knowing the sorrow this action brought on your fans, close friends, family, and associates. Thank those who were convinced you were dead; without that conviction, your life would have been in greater danger. If everyone had believed you were alive, those seeking your life might not have been fooled. Thank those who have recently believed you were not dead; their faith has made it easier to return to a normal life.

If your interest in helping young people is still keen, have you considered the impact your life story could have upon youth, if told in a refreshing and wholesome manner? Today's kids are lacking heroes. I would love to develop a multimedia educational package (computer, Laserdisc player, CD-ROM drives, television) about your music, career, and contributions to world culture.

page 2
October 17, 1991

Some have suggested that you might return as a "spiritual leader" rather than as an entertainer. Most likely being "dead" for 15 years or so would give anyone special insights into the human condition. But this world doesn't need any more "spiritual leaders." The world has THE spiritual leader already, the one you used to sing about so much. Jesus Christ is the only solution to problems and needs that all humans have. If you return and point your fans to Jesus, you will doing them an eternal favor. The Apostle Paul, in one sense, "died" on the Road to Damascus. After spending many years in the Arabian desert, he returned to Israel and became the greatest spiritual leader the world has known. But he only led people to Jesus.

Enough preaching. If I can be of any service to you, please don't hesitate to contact me. The places I'll be in the near future are in the letter to the other Jon Burrows.

Sincerely,

David Wasson

Elvis: la tumba sin sosiego

December 24, 1991

Dear Mr. Burrows,

Since my last letter and your response, several things have happened that might be of interest to you.

First, let me tell you about Uncle Billy Teal (Teel?). I received a phone call from John Fisher of Memphis (prior to his open heart surgery) telling me that Uncle Billy Teel would contact me to help him market a recording of an artist he was calling "Nuelvis." At first I was led to believe that Nuelvis might be "old Elvis" trying to make a comeback; I learned later that Nuelvis was a singer who was able to sing in a fashion that reminded listeners very much of Elvis Presley. In a series of phone conversations, I let it be known that I had no problem helping a singer with the talent I heard in the five songs (Uncle Billy sent me a tape of five songs by Nuelvis) as long as 1) no deception was involved and 2) the singer would agree to make his identity known after 1 million copies were sold. It was agreed that Nuelvis would use his own name after the introduction and that he would not be an Elvis impersonator.

As the above was going on, I received calls from Major Bill Smith who informed me that he was Elvis's current manager, that Elvis gave him the five songs that Uncle Billy Teel said were by Nuelvis, and that he would sue Teel if the songs were released. Major Smith told me he was a member of the Church of Abraham, Isaac, and Jacob and that the Holy Spirit guided his phone calls to me.

The last I heard was that Teel was going to ignore Smith since he could produce Nuelvis and that I would meet Nuelvis in January.

I haven't heard from either Smith or Teel for several weeks. Most interesting. Both men claim to know you. All I can say is that the music industry has some very unconventional people in it.

Second, I want to tell you about the upcoming television special, The Elvis Conspiracy, to be aired on January 22, 1992. It will be a closer examination into the considerable amount of circumstantial evidence that Elvis did not die on August 16, 1977. I have been asked to appear.

When I wrote my first letter to you, I was confident that Jon Burrows must be an Elvis impersonator. When I received your handwritten letter, I thought it was too much like the Nixon letter to be true, so I faxed copies to some of the people I met in my class this summer. Since these people were involved in the previous television show and are in the midst of writing a new one, they had the letter examined. I have been asked to describe how I got the letter. Since then, I received your reply and the handwriting people have told me it appears to be your handwriting.

I have agreed to be taped on the condition that I only report the circumstances and make no reference to additional letters. The mailing address will not be revealed on the air. Last week I was mailed a draft copy of the script. I did not like the way the writers told about the letter, so I sent them a copy of the script as I would like to see it. Enclosed is a copy of what I mailed to Hollywood. If anything I have written is not true or would harm you, let me know. I am scheduled to be taped the second week in January. During the actual live broadcast, I'll be in Atlanta attending an IBM education conference,

Third, I want you to know that I am writing this letter assuming that you are in fact Elvis Presley using the name of Jon Burrows. In your second response, you commented that you liked my letter dated October 17. I hope you were referring to my comments about Jesus Christ. I really believe that you must have a deep faith in the Lord to enable you to sing songs that praise His name with such power. I really hope you will not let cheap imitations of real life in Christ (astrology, numerology, occult type things) keep you distant from Jesus. He is the Lord of Lords and worth all our attention.

Elvis: la tumba sin sosiego

page 2
December 24, 1991

You also mentioned that someone had promised you that if you gave just one more concert, your fans would leave you alone. If you ever believe that, you'll have to swallow your brains. I've met enough fans to know that many of them love you and would never let you alone if you surfaced and returned to music touring. However, since many of your fans are my age, they'd be much more respectful and probably not be as domineering as when you were young. All of us tend to mellow as we age. The fact that Graceland's tourist business is approaching that of Mt. Vernon, our first President, is a clue that people will never let your memory die.

If you do come back, you'll need the inner strength to face an almost unparalleled spotlight from the press. Everyone will want to interview you, looking upon you as a boost to their career. I would also imagine that many fellow stars and media personalities would ridicule you in ways you can't even imagine; others would be kind to you; none would be neutral.

If the story about the government's involvement is correct, the proper manner to be reintroduced into American life would be to have a senior FBI official schedule a press conference, briefly describe the circumstances behind your personal involvement in the witness protection program, and open up for questions. You could then answer questions as you see fit, and then announce that you want Americans to remember the Elvis Presley of 1935-1977 as remarkable proof that this country is indeed the land of opportunity. Encourage young people, especially those minority children living in poor neighborhoods, to work hard and set goals.

After that, you could 1) return to a secluded life in private, not telling people where you are, but occasionally releasing an album or, if you like, appearing in films in cameo roles; 2) return to Tennessee, Texas, or Mississippi and run for Congress (this second suggestion is serious only if you are willing to fight for reform); 3) help in the anti drug campaign; 4) get involved in education (refer to my letter about the new educational technologies available to help kids learn). The point is, the opportunities to help others is only limited by your imagination. At all opportunities, give God the credit for the good things in your life and career.

Before you do anything, I recommend you spend much time in prayer. Pray with some of your close friends. Don't neglect this vital aspect of guidance. Look at what prayer has accomplished in the destruction of the evils of communism. You mentioned that you don't trust anyone. I hope that is an exaggeration. If you were to come to Kingman and knock on my door and ask my wife, children, and me to pray with you, we would gladly share our time with you. And we wouldn't tell a soul if you asked us not to (I would not appear on the cover of The Sun saying "I prayed with Elvis"). Even my eight and 10 year-old girls would keep your secret. Their prayers you would treasure all your life.

Best wishes for the coming year.

David Wasson

March 10, 1992

Dear Mr. Burrows,

On January 13 I received your letter mailed from Georgia after my return from being filmed with Bill Bixby for the January 22 television special. The script we followed was the one I sent you, as best I could muddle through it. Basically, I reported that I had received a handwritten letter from Jon Burrows. A handwriting expert was supposed to offer testimony, but I did not know what she planned to say. I did not disclose the fact you have written more than once.

After watching the show, I realized it was not what I was told. It must have been a big disappointment to you, too. I'm glad that Gail and Luc refused to be involved.

It was good to hear that Elvis was not involved with Major Bill Smith. Having a Colonel running his affairs was enough without having a Major, too! (Weak attempt at humor.)

Concerning Nuelvis, I am going to encourage Uncle Billy to introduce him under his real name and to make it on his own. He has enough talent without having to depend upon your coattails. But, I can't promise I'll be listened to. He is not Ronnie Mcdowell.

In each of my letters, I have referred to spiritual issues. I know that you believe in Jesus; at one time your faith in him was very strong (I trust it is even stronger now). Yet, you have never brought the subject up in your responses to me. You probably agree this should the most important issue in life.

I get the impression from your letters that you are no longer under a death threat, but that you want to remain out of sight for personal reasons. All I can imagine is that it must be a real drag upon your personal energy to always be running or in hiding. How sad to have no one to trust. Even worse, how discouraging it must be to see your name appear regularly in the most repulsive of news magazines. If you are not talking to someone from the grave, you are photographed in this place or that. It is a national joke that Elvis is here and there. This takes away from your tremendous contributions to the life and culture of the world made between 1954 and 1977.

Do you want to grow old, running here and there, seeing your name continually made into jokes and your "death" the result of a drug overdose, murder, suicide, cancer or who knows what else? Is there no way for you to "not return" but satisfy your love of entertaining? In your first letter, you clearly said you were an entertainer. Are you afraid that you can't, at age 57, live up to the quality standards you set in the 1960's and 70's?

Elvis: la tumba sin sosiego

Think about this: America is in a period of depression, both economically and spiritually. People are down, unhappy, often not knowing why. One thing an entertainer can do is lift people's spirits. Perhaps you need to stop feeling sorry for yourself (who can I trust? you keep saying) and set yourself a goal to help others. You resent impersonators "cashing in" on your talent; why not "cash in" yourself, but in a way that helps others.

The Bible says that to give up your life for someone else is the greatest love man can demonstrate. Giving your life is not limited to physically dying; to give up one's self life, to help others, is also a sacrifice. We see it everyday when a mother stops her work to care for a hurt child or when a father cancels a business trip to attend his daughter's school music program.

Who can you trust? Only one person totally--Jesus. He will lead you to others who will put your interests above their own. When your world stops revolving around your own problems, and includes many others, then you will find many who you can trust. I think you can trust Maria Columbus. I believe you could also trust Luc Dionne. I know you could trust me.

A most amazing verse in the Bible is found in Acts 20:28. The Apostle Paul is speaking to a group of church elders and reminds them that the church was *purchased with the blood of Christ.* Christ died for individuals, true--but he died for the church. **All Christians, in order to mature into what God is after, must be involved in the church, the Body of Christ.** Now I'm not talking about a denomination or established church since so many of them do not foster what Jesus is after in His people. What I suggest is this: before a Christian can mature and grow into the kind of life Jesus really wants, he or she MUST be in a relationship with other Christians. The Holy Spirit gives spiritual gifts to each Christian. These gifts are given to build up the church. No one Christian has them all. Therefore, the only way to experience the maturing process is through the church. This is the message of Paul's letter to Corinth.

When you are on the go like you've been since 1954, you have had little opportunity to experience church life. I just wish you could be here in Kingman for a year or so and enjoy the fellowship of believers who would simply accept you as a fellow Christian seeking the mind of the Lord. As Elvis Presley, that might be impossible; as Jon Burrows or Aron Şmith or what ever, that is not impossible. If not here, there must be some place the Lord would have you settle down.

If you were to come here, we could work on some educational materials that would set the record straight about the life of Elvis Presley. This could be done quietly, without press involvement. I still dream of a multimedia educational CD-ROM and LaserDisc presentation of your early years to help kids understand and appreciate the 1950's. How powerful a program tracing early rock and roll through gospel and blues would be to help kids evaluate the shallowness of today's hard rock and filthy lines of some of the rap music.

Elvis: la tumba sin sosiego

One thing not to worry about is the Elvis stamp. The post office has a "policy" to only honor people who are dead. They have violated that policy many times in the past. Don't feel guilty. When Neil Armstrong landed on the moon, the Post Office issued a jumbo-sized stamp in 1969 with him stepping onto the moon. During World War II they issued a stamp showing the marines at Iwo Jima raising the flag. These men were alive at the time. The Elvis Presley who died in 1977 is worthy of a stamp. The career of the man the world knew as Elvis died on that hot August day in Memphis.

I don't want to burden you, but there is one thing I suggest you be in prayer about. So many people, men and women, have called me wanting to know if Elvis is alive. They love you. It is not a sex-based love. Look at it like this: the parents of the MIA's in Vietnam have been told their sons are dead. Yet, every so often, a photo or a story surfaces. These parents suffer in their hearts. They go to bed at night wondering if their loved one is really abandoned and in a cell in the jungle. The hollowness in their chest aches.

I sense some of those who have called me have similar feelings about you. None have suggested you need to pop back on television or hit the road doing shows. They just want to know that you, for whatever reasons at the time, faked your death and have been living a private life. Some of these people are getting up in years. They would sleep better knowing that you are in fact alive and well. Please pray about how and when you will tell your story?

You know as well as I do that when you really die, someone will uncover the facts and write a book. To guarantee that it is not a Goldman or a worse-than-that author, you must take actions now. When you aren't around to defend yourself, the stuff that is printed is often garbage. You should know. Look at what has been written about your life through 1977!

God gave you gifts. He will judge you as to how you used them. He will also forgive you of any sins you have ever done when you ask him to. Modern historians have no clue as to how God can do this. I am a historian, too, but I feel it does no one any good to dwell upon the weaknesses of historical people. History writing ought to lift the reader up.

Call me and I'll meet you anywhere you select and we can talk. Perhaps I can be of help to you by just listening. I won't call a press conference or sell my story to the *National Inquirer*. If you take exception to my comments above, you can tell me personally. I truly believe I could learn much from you.

Hope to hear from you again,

Elvis: la tumba sin sosiego

P.S. If you are still into gun collections, the finest gunsmith in the Southwest works for me (part-time), Mr. Jim Cornwall. If you need a gun repaired or customized, he is the best.

P.S.S. I've read that you liked the book The Passover Plot. I read this book, too, and appreciated the author's sincerity. However, he is wrong. Jesus did not fake His death. He was dead. He rose again. The apostles who saw him testified of the truth of this by giving their own lives. To have 12 men die for a lie when they knew it was a lie is too much to believe. The resurrection of Jesus is one of the most powerful events in history. If Jesus did not die and was not resurrected, then Christianity is false and should be tossed out. Your hymn, *How Great Thou Art* must then be a joke and *Amazing Grace* a sham!

Elvis: la tumba sin sosiego

AmericanAirlines

①

Dear Mr. President.

First I would like to introduce myself. I am Elvis Presley and admire you and Have Great Respect for your office. I talked to Vice President Agnew in Palm Springs 3 weeks and expressed my concern for our country. The Drug Culture, The Hippie Elements, The SDS, Black Panthers, etc. do not consider me as their enemy or as they call it the Establishment. I call it America and

AmericanAirlines

②

I love it. Sir I can and will be of any service that I can to help The country out. I have no concern or motives other than helping the country out. So I wish not to be given a title or an appointed post. I can and will do more good if I were made a Federal Agent at large, and I will help best by doing it my way through my communications with people of all ages. First and Foremost I am an entertainer but all I need is the Federal credentials. I am on this plane with

AmericanAirlines
In Flight...
Altitude: ③
Location:

Sen. George Murphy and We
have been discussing the problem
that our Country is faced with.
So I am Staying at the Washington
hotel Room 505-506-507. I have
2 men who work with me by the
name of Jerry Schilling and Sonny
West. I am registered under the name
of Jon Burrows. I will be here
for as long as it takes to get
the credentials of a Federal Agent.
I have done an in depth study of
Drug abuse and Communist brainwashing

AmericanAirlines
In Flight...
Altitude:
Location: 4

Techniques and I am right in the
middle of the whole thing. where
I can and will do the most good
I am Glad to help just so long
as it is kept very Private. You can
have your staff or whomever call
me anytime today, tonight or tomorrow
I was nominated this coming year
one of America's Ten most outstanding
young men. That will be in January
18 in my Home Town of Memphis Tenn.
I am sending you the short autobiography
about myself so you can better understand this

Elvis: la tumba sin sosiego

Carta de Elvis Presley al Presidente Nixon, en 1970.

(1)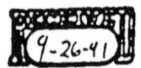

Dear Mr. Wasson,

I have received your letter and the info on Elvis.

I am sorry that I can not meet you, I am a entertainer and I will be out of State during that time.

I believe that you have a good idea on a Living History on Elvis.

Respectfully
Jon Burrows

Carta de Jon Burrows al profesor David Wasson, en 1991.

DALLAS

September 7, 1988

2525 McKinney
Dallas, Texas 75201
(214) 855-5115

Spirit of Elvis Show

Attn: Jon Burrows,

Dear Jon,

    Congratulations on an excellent performance as ELVIS during TV Channel 39 "ELVIS WEEK", here at the HARD ROCK CAFE.

    Jon, during your performance the audience was definitely spellbound by your portrayal of ELVIS himself in concert, giving away personal autograph scarves during your performance was positively ELVIS.

    Jon, it is with great pleasure that I highly recommend the SPIRIT OF ELVIS SHOW, the show is a HIGH CLASS production and I thank you Jon for your talent and time.

Sincerely,

Tony Pace
Manager

TP/rfc

cc: File

KXTX

January 11, 1989

Mr. Jon Burrows

Dear Mr. Burrows,

We are sorry this letter has taken so long to be delivered. I am sure you understand the world of television can sometimes get the best of even the most organized people. We wanted to thank you for your time and effort in the "Elvis Week" production at the Hard Rock Cafe in Dallas.

The efforts of all involved helped to make a success of the entire week and a good time was had by all. You are a very talented person and it was obvious that the crowd enjoyed your performances. You have perfected your art and we appreciated your patience during the course of the evening.

Once again, thank you and we hope we can work with you again in the future. "Elvis Week" seems to be a popular theme for this station as well as with the Dallas/Fort Worth area. Keep up the good work.

Sincerely,

Dan Bynum
Assistant Promotion Manager

DB/ma

3900 Harry Hines Boulevard
P.O. Box 19307
Dallas, Texas 75219
(214) 521-3900   Metro 263-3933

October 2, 1989

Jon Burrows

Dear Jon,

Thank you so much for the GREAT "SPIRIT OF ELVIS SHOW" you just put on for Stewarts Old West Theater on Saturday Night. Your performance was enjoyed by all, <u>and</u> the reason for our great turn out (Full House).

We look forward to your return on October 20th. My personal thanks for the time you spent with Dennis Andrew Jones, our down-syndrome friend.

Again Jon, thank you for the marvelous performance as ELVIS.

Sincerely,

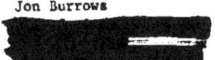
Jack Werner
President

Elvis: la tumba sin sosiego

```
9-409522002,M-7433,V-05

SSN:409-52-2002 ISSUED IN TENNESSEE

FULL NAME/ADDRESS:            REPORTED    YOB
   GREGORY D HIRE
      10403 STATE ROUTE 13     10-90
      HURON OH 44839

   GREGORY D HIRE
      85 N LANCASTER ST        02-89
      ATHENS OH 45701

   JENNIFER B PETTY
      ROUTE 1                  09-88
      BIG CLIFTY KY 42712

   JENNIFER B PETTY
      BOX 51 ROUTE 1 STAR      11-85
      HARNEDX KY 40144

ABBREVIATED NAMES/ADDRESSES COME FROM INQUIRERS INTO THE SYSTEM
         LINE ONE: ABBREVIATED 1ST NAME, FULL 'LAST NAME
         LINE TWO: 4 DIGITS = ABBREVIATED HOUSE/BOX/ROUTE NUMBER
                   SINGLE CHARACTER = STREET INITIAL
                   5 DIGITS = ZIP CODE
   JON    BURROWS
      3797 E 38116

   GRE D HIRE
      9580 M 43551

   JEN B PETTY
      0129 # 42712  (# INDICATES P.O. BOX)

   ELV A PRESLEY
      3734 E 38186

   ELV A PRESLEY
      3797 E 38116

SPECIAL MESSAGES:
   << NOTE   1 >> NOT TO BE USED FOR CREDIT GRANTING MAY CONTAIN INFORMATION
                  FOR MORE THAN ONE CONSUMER
   << NOTE   2 >> THE S.S. ADMIN. HAS JURISDICTION OVER THE ISSUING OF SSN#S
                  AND MAY BE ABLE TO ASSIST YOU IN SSN# VERIFICATION. S.S.
                  ADMIN. PHONE# IS 800 234 5772.(PRE-EMPLOYMENT SCREENING
                  ONLY)

NAME & ADDRESS INFORMATION PROVIDED BY   T R W   CREDIT DATA
------END--DAC SERVICES
```

(Continúa)

Elvis: la tumba sin sosiego

```
            DAC REPORT DATE:09-07-91 TIME:09:17:44

BURROWS JON ...,3797 E 38116,S-409522002,Y-1935,T-35......,M-3737 ELVIS PRESL
BLVD?MEMPHIS TN 38116,V-04    7433 TTN3
                  SSN:409-52-2002

CREDIT PROFILE:
            LAST     HIGH BAL   CURRENT   MTHLY          PAYMENT PROFILE
       OPENED  PAY  TYPE OR LIM  BALANCE  PAYMT  PAST    1234567891111111111..
  # CO  DATE   DATE ACCT   $      DATE  $    $   DUE $ *  012345676.0:
 --- ----- ----- ---- ------ ----- ------ ----- ----- - ----------------------
       << NOTE    1 >>
  1              UNKN    UNKN                                 07-91 INQUIRY
                                     ------  -----  -----
                                        0     0      0

SPECIAL MESSAGES:
  << NOTE    1 >> IN THE FOLLOWING:FIRST NAME:JON,STREET NO:3797,
                  STREET INITAL:E,ZIP:38116

COMPANY LIST:
  1:CITICORP CREDIT SERV(1260323)

# ACCOUNT PROFILE SUMMARY:  0 POS(+),   0 NEG(-),   0 NON-EVAL( ),   1 INQU:
CREDIT INFORMATION PROVIDED BY  T R W  CREDIT DATA
------END--DAC SERVICES
```

Informe de crédito de TRW donde aparecen Elvis Presley y Jon Burrows bajo el mismo número de Social Security. Nótense los otros nombres incluidos también bajo este número.

Elvis: la tumba sin sosiego

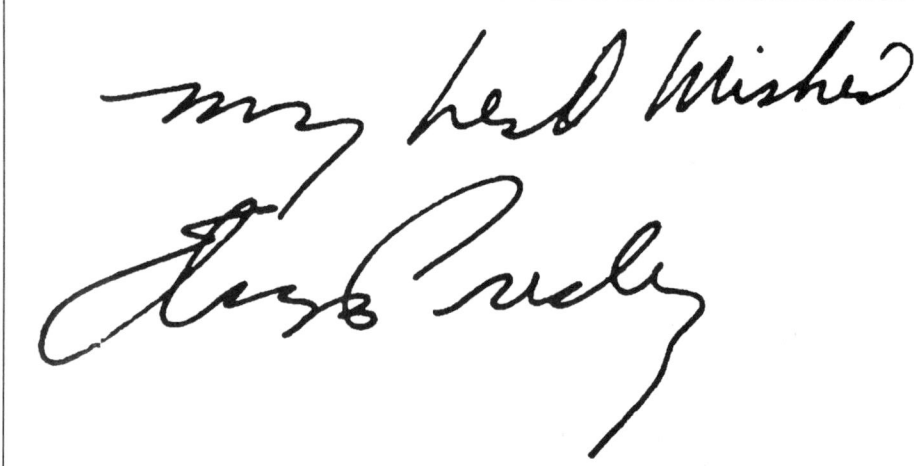

Saludo de Evis Presley a los "fans" en 1977. Nótese cuánto ha cambiado su letra.

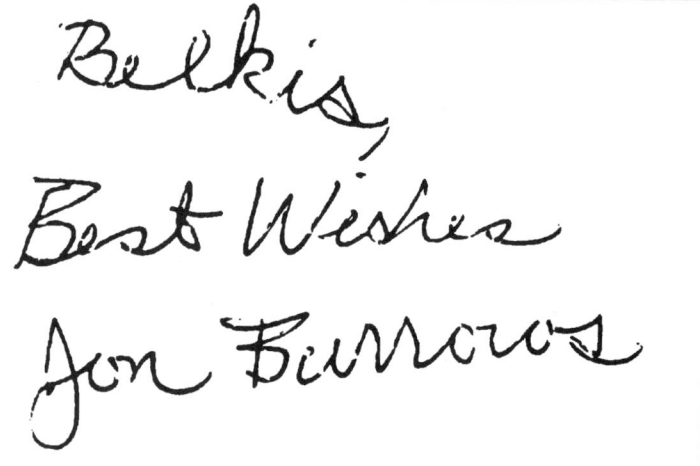

Dedicatoria de Jon Burrows a la autora, al dorso de una foto, en 1993. Nótese el parecido entre la escritura de la palabra *Wishes* en *Elvis* y *Jon*:

Elvis   Jon

Elvis: la tumba sin sosiego

Fotos tomadas a Jon Burrows mientras caminaba en un patio donde estaban sus automóviles.

Elvis: la tumba sin sosiego

Elvis: la tumba sin sosiego

Elvis: la tumba sin sosiego

Elvis: la tumba sin sosiego

Elvis: la tumba sin sosiego

Elvis: la tumba sin sosiego

Obsérvese el parecido entre Jon Burrows (1993) y Elvis Presley (1977).

Elvis: la tumba sin sosiego

Jon Burrows en una de las casas donde permanece en sus viajes a Texas.

Elvis: la tumba sin sosiego

Elvis: la tumba sin sosiego

Elvis: la tumba sin sosiego

Jon Burrows en una de sus actuaciones de Elvis *entertainer*.

JON BURROWS: EL ESPIRITU DE ELVIS

(Segunda parte)

"Who do you want me to be?"

Jon Burrows

Decidida a conocer a ese personaje misterioso que se hacía llamar Jon Burrows y cuya voz, presencia y escritura tenían mucho que ver con Elvis Presley, hablé con Bárbara, su asistenta, sobre la posibilidad de viajar a algún sitio donde pudiese encontrarme con él.

Sin negarse a verme, Jon se había estado resistiendo a la idea de esta reunión. La principal razón que aducía era que por el momento él no tenía ninguna presentacion en la costa este, donde yo vivía. Pero como en nuestra segunda entrevista me había dicho que en mayo estaría de vacaciones, pensé que si aprovechaba esta oportunidad quizás lograría mi objetivo.

Hablé en principio con Bárbara y ella me prometió trasmitirle mi recado. Al cabo de unos días, volví a repetir la llamada y, para mi sorpresa, Bárbara me dijo que Jon había aceptado nuestro encuentro y que ya él sabía de mis planes para esa fecha. Me sorprendió no sólo que no se hubiese negado a verme, sino el que intuyera de antemano mi proyecto.

Acordamos que yo viajara a Fort Worth, ciudad donde él se sentía muy a gusto, y tenía una casa, además de que desde allí, y a través de Ron y Bárbara, operaba sus contratos y presentaciones.

De la semana de mayo que había decidido reservarse de vacaciones, yo escogí los primeros días pues pensaba que de este modo no sólo tendría todo el tiempo para esperar pacientemente a Jon, sino porque evitaba así que, por imprevistos de última ho-

Elvis: la tumba sin sosiego

ra, él tuviera que marcharse antes sin poder verme.

Los días que precedieron mi partida estuvieron llenos de espectativas, alimentadas por las largas conversaciones que a media mañana solía tener con Bárbara para planificar los detalles del encuentro. Mucho de lo que alimentaba mi imagen de Jon Burrows salió de esas conversaciones, a lo largo de ese mes de preparativos. Bárbara era de gran expresividad, muy dinámica en sus ideas de cómo debería producirse ese encuentro, y hasta yo diría que sus silencios, o a ratos la entonación que le daba a ciertas palabras, contenían para mí mensajes crípticos que se me hacían imposibles de descifrar.

Un poco antes de que yo decidiera viajar a Fort Worth, a petición mía, Jon me había enviado una cinta con cinco de sus canciones. Allí estaba la voz de Elvis, maravillosa, en versiones que —según Bárbara— no habían sido grabadas en estudio. La voz de Jon era a ratos ligeramente más gruesa que la de Elvis, el acompañamiento musical distinto, y en todo los casos sin la totalidad de la banda. Pero bien sabía yo que Elvis, o cualquier cantante, no siempre reproducen su propia versión, sino que modifican a voluntad el tono, especialmente cuando cantan en vivo. De modo que estas canciones interpretadas por Jon: "Till Is Time for You to Go", "Burning Love", "Suspicious Mind", "Can't Help Falling in Love" y "American Trilogy" tenían el extraordinario valor de mostrar a un "Elvis" casi en la intimidad, revivido a través de la voz de Jon. De nuevo me impresionó la semejanza increíble, y en especial las vibraciones de aquella voz. ¿Cómo era posible?

Yo sentía que Jon no se esforzaba por imitar a Elvis, que lo hacía naturalmente y demoraba el ritmo o lo aceleraba a voluntad, como el que canta con su propia alma.

Días antes de mi partida, Bárbara me envío dos fotos, con una breve nota explicándome que habían sido tomadas durante las visitas de Jon a Graceland en 1991 y 1992. A través de ambas, por primera vez, yo podía tener ahora una idea de sus ojos, pues usaba espejuelos transparentes.

Interesada en conocer mi impresión, no vaciló en decirme que las había enviado con el propósito de que yo decidiera si todavía, al ver esas fotos, seguía interesada en realizar el viaje.

Elvis: la tumba sin sosiego

Le reafirmé mi propósito, añadiendo que el motivo principal que me llevaba a Fort Worth ya no se circunscribía a descubrir si Elvis y Jon eran la misma persona, sino a conocer de primera mano a ese ser furtivo y casi mítico que se llamaba Jon Burrows, fuese quien fuese.

Durante todos estos meses de intercambio de correspondencia, llamadas telefónicas, fotos y video, la imagen de Jon Burrows, había tomado una dimension nueva e insospechada. Al márgen de Elvis, el parecía brillar con luz propia, en una dicotomía que yo, haciendo una análisis extralógico, encontraba perfectamente razonable. Yo no podía calificarlo como uno de los tantos imitadores de la imagen de Elvis, porque si algo era Jon era una copia al carbón del otro, no una imitacion. Pero siendo tan "Elvis", yo sin embargo, había hecho una separacion de estos "gemelos".

Jon había crecido ante mí como lo que era pues, el ser con el que yo me comunicaba, al que interrogaba y expresaba mis afirmaciones y dudas; un hombre de carne y hueso del que, hasta entonces, todo me llegaba a través de esa corriente que emana del espíritu y viaja por el espacio, sin importar las distancias, y hace posible la comunicación entre dos. Elvis, en cambio, era una leyenda, una estrella que brillaba en lo alto. Y las estrellas no suelen tocarse con las manos y aunque les hablemos y hasta les contemos nuestras penas y nos presten atención, apenas si pueden respondernos.

No hacía mucho yo había visto la película "The Double Life of Veronique" y me llamó la atencion que con las protagonistas del film polaco-francés ocurriese casi lo mismo que con Elvis y Jon.

Ambos parecían ser la misma persona, y vivir vidas distintas y similares a un tiempo. También las dos Veronique eran cantantes y habían percibido en algún remoto punto del espíritu la existencia de cada una, pero sólo a través de una misteriosa sensación no explícita. Aunque en cambio, el breve encuentro de Jon y Elvis en 1973, en el propio Fort Worth, fue más real, con plena cosciencia por parte de ambos, no al estilo del que ocurrió en la película con las dos Veronique.

En el caso de Jon, se hacía evidente que a pesar de interpretar como nadie las canciones de Elvis, de parecérsele mucho, de tener sus características, no era lo que se dice un fanático del otro en la misma medida en que se manifestaban los imitadores. Jon había logrado ser eso, Jon Burrows: un hombre con carácter propio, con una personalidad muy suya, muy serena, a un tiempo humilde y carismático— cosas muy difíciles de aunar—; un ser lleno de ter-

Elvis: la tumba sin sosiego

nura y firmeza, con un ego muy domeñado.

De modo que si al final resultaba que Jon y Elvis eran la misma persona, yo tendría que destacar que el sufrimiento, la soledad y su nuevo acercamiento a la palabra de Jesucristo lo habrían transformado en ése otro que se había estado comunicando conmigo a través de estos meses.

"Jon dice que te vas a defraudar cuando vengas, porque él no es Elvis". ¿No había demasiada preocupación en la voz de Bárbara mientras me trasmitía el mensaje de Jon? Lo lógico era que yo deseara conocer la verdad, pero me sentía un tanto frustrada de que aún ni él ni Bárbara hubiesen entendido que más allá de Elvis, o seguramente por su similitud con éste, la imagen de Jon Burrows se había magnificado, cobrando para mí y mi libro una dimensión nueva y muy especial. Algo así como si yo estuviese hablando no de gemelos, sino de mellizos, dos embriones crecidos en un mismo vientre materno, pero con independencia el uno del otro.

Llena de ansiedad, a ratos frustrada, con la ilusión del que está a punto de realizar un sueño —o quizás de vivir una dulce pesadilla—, di los últimos toques a mi viaje. En las noches previas a mi partida soñé dos veces con Jon, siempre vestido de negro. Pero la primera vez que se me apareció tuve frente a mí a un hombre de piel muy dorada por el sol, con un rostro que me recordaba un tanto al del exótico actor Steward Granger. En el otro, volvía a ver a Jon y de pronto a un Elvis muy joven que, en medio del Parque Central de New York, jugaba al baskeball. Estaba claro en apariencias que se trataba de seres distintos. Frustrada por mi lectura de los símbolos del sueño, comencé a alejarme por una de las sendas del parque, cuando sentí que de algún sitio alguien me llamaba con un silbido.

Acostado a todo lo largo sobre una de las bancas, descubrí a Jon-Elvis vestido de negro con una guitarra, mientras con el índice de la mano me hacía señas para que me acercara.

OTRA VEZ EL TREN. DESTINO: FORT WORTH

De nuevo tomé el el tren, como cuando hacía dos años emprendí el camino hacia Memphis. Esta vez me esperaban cuarenta y dos horas de viaje a través de un paisaje ya conocido. La ruta de Pennsylvannia, con sus remembranzas germánicas y sus montañitas y apretados ríos junto al camino de hierro no llamaba ahora demasiado mi atención, ansiosa como estaba por llegar. Debíamos viajar en primer término hacia Chicago y luego de una espera de siete horas abordar el Texas Eagle hacia el suroeste. Mi hijo, resignado a mi fobia al avión, viajaba también esta vez conmigo, y para disipar su aburrimiento e impaciencia juveniles se había sumergido en el mundo de su música: "Metálica", "Van Halen", pero especialmente ahora que viajábamos a Texas, su admirado Stevie Ray Vaughan, el extraordinario guitarrista y cantante que yo también disfrutaba mucho.

Alguna vez de adolescente había aprendido a no poner por delante el largo camino, sino los pequeños tramos. No la meta final, sino las pequeñas estaciones en las que la vida, como ahora el tren, se iba deteniendo. Vencíamos asi los pueblos, los caseríos con sus iglesias de agujas y clamores divinos, en medio de la aridez de los pueblos grises a los que la presencia de una mina o un feo complejo industrial hacían parecer como extrañamente habitados. Pueblos mortecinos que escapaban a la mejor definición de la vida norteamericana.

Al menos teníamos la privacidad de nuestro compartimento y la esperanza de que cada hora que pasase era una hora que nos acercaba más a nuestro destino: Fort Worth, Texas.

Nunca como antes había deseado obviar estas largas horas a bordo del tren. Si por lo menos hubiera tomado la ruta que lleva a New Orleans y luego a Houston y de ahí a Fort Worth, ante mis ojos se hubiese presentado un paisaje distinto a éste que ya había recorrido en varias oportunidades anteriores. Aunque Chicago era una ciudad que me agradaba, conocer New Orleans hubiese sido una pequeña compensación. Pero eso me demoraría otro día más

Elvis: la tumba sin sosiego

en el camino, con estancia nocturna en la ciudad, y realmente lo único que deseaba con mayor ardor era poner los pies en Fort Worth.

Los preparativos de este nuevo viaje me habían dejado exhausta, pero otra inquietud —que por supuesto no tenía cuando viajé a Memphis— ocupaba buena parte de mis pensamientos: el retorno. Pensaba obsesivamente en ese viaje de vuelta, para el que ya de antemano me sentía derrotada.

¿Quién o qué me aguardaba en Fort Worth, "la más texana de las ciudades de Texas", según anunciaba la propaganda? Supongo que para compensar sicológicamente mi ansiedad, empecé a buscar razones de peso que me alejasen de la idea de que iba a encontrarme con Elvis Presley. Me pasaba las horas frente a las fotos de Jon Burrows enfrascada en la tarea ingenua de desmontar todo aquello que lo alejaba físicamente de Elvis. Un proceso que, a la inversa, había ocupado parte de mis horas desde que recibí las primeras fotos de Jon.

Pero en realidad no necesitaba encontrar razones de peso para realizar ese viaje. Hacía mucho que las tenía. Por supuesto que había deseado conocer en primer término si Elvis y Jon eran la misma persona, como se rumoraba. Pero incluso las razones que alimentaban mis dudas también eran válidas para despertar en míuna ya no tan nueva y obsesiva curiosidad: conocer a Jon Burrows, ese hombre rodeado de una aureola de misterio y encanto que poco a poco se había ido haciendo presencia, con su voz armoniosa, su pasión por la palabra de Cristo, sus fotos, sus canciones. Hablar con él, comunicarme con su "misterioso" mundo, era como echar a andar una corriente de energía magnética que emanase de algún remoto sitio e hiciese posible el que seres tan distantes en espacio, tan en apariencia ignorantes el uno del otro, tan disímiles en orígen y raíces culturales, se encontrasen en algún punto del infinito y establecieran contacto.

No hacía mucho había leído lo que escribió Loraine Dusky en relación con las inexplicables conecciones entre la gente: "The Chinese believe that an imaginary red threat connects people who are meant to be together, and that nothing can ever break that line —not time or distance or circumstances. Two people may not be parent and child, or ever member of the same family, but if the red threat exists between them, they will come together, no matter what".

Sin duda, ese hilo rojo entre Jon y yo exista, si no ¿de qué otra forma explicar mi presencia en aquel tren rumbo a Fort Worth? Fuese o no Elvis, Jon Burrows era en sí mismo un destino, un ser que —incluso al márgen del otro— despertaba en mí la más

Elvis: la tumba sin sosiego

grande de las curiosidades. Pero, ¿se podía no ser Elvis, tener su carisma, su voz, su escritura, su físico y sin embargo ser ese "otro" con el que me había estado comunicando a través de estos meses? No me faltaban razones para que ni el paisaje ni la monotonía del viaje imprimiesen paz a mi espíritu.

En Chicago nos esperaba un amigo pintor, Paul Sierra, quien nos llevó a recorrer la ciudad y luego a su estudio, en un barrio con algo del Village neoyorquino. Mientras contemplabla las enormes y"agresivas" telas en las que Paul trabajaba simultáneamente ahora, mientras hablábamos de su remoto pasado cubano siendo él un niño — y a través de los grandes ventanales el mediodía de Chicago tenía una claridad todavía de invierno—, yo vivía la experiencia única de encontrame al borde de un enorme lago que se abriese ante mí,sin que pudiese precisar si se trataba de un cielo visto a través de las aguas, o de un abismo al que el verdor ocultase su verdadera naturaleza.

Almorzamos con Paul en un café con aire bohemio y mesa de bi-llar sobre la que se inclinaba un entusiasta comensal que, distraido, estuvo a punto de pegarle a mi amigo una estocada en las costillas. Y luego nos fuimos a una tienda de libros de ocultismo cuyo propietario parecía salido del Tarot. Para mayor misterio, tenía una herida recien abierta en la frente y sus ojillos de vidrio parecían querer tragarnos con interrogantes.

A la salida, mientras caminábamos por aquellas calles rumbo al automóvil de Paul, con esa extraña sensación de realidad enfermiza que se respira en las películas de Igmar Bergman, un hecho inusitado y pesadillezco me heló la sangre: Ernesto, mi hijo, había desaparecido. Fue Paul el primero en darse cuenta y yo no supe qué hacer. Las palabras firmes de mi amigo—conocedor del ambiente— estaban encaminadas en principio a calmarme y evitar que el pánico se apoderara de mí, pero supongo que un segundo de terror como aquél desatan la imaginación como cuando se rompe la cuerda de un ovillo tensado en sus extremos.

Vi a un par de adolescentes huyendo a toda prisa que subían y se perdían en una camioneta cerrada, a otros extravagantes barbudos intercambiándose fotos, a un tipo que hablaba español con alguien y el desconcierto me cegó. Las palabras de Paul no obraron su efecto, por el contrario, eran un martillazo en el cerebro que confirmaban mi terror, de qué modo la vida de una persona puede cambiar para siempre en un segundo.

Elvis: la tumba sin sosiego

¿En plena calle, en pleno mediodía de Chicago, podría alguien desaparecer? La lista de los que nadie sabe dónde están es muy larga en este país, y el ambiente de violencia y criminalidad son temas cotidianos. Todavía me parece oir aquel "No te muevas de aquí"de Paul, que me hizo tomar conciencia de que algo terrible pudiera estar pasando y del repentino abandono en que sus palabras me dejaban.

El terror sólo duró segundos, porque en la misma forma en que se había esfumado, hizo Ernesto su sorpresiva aparición. Según nos contó, se había metido en una tienda y entretenido con la mercadería de no sé qué indios.

Recuperé la calma y quise, sin decirle los verdaderos motivos, que Paul me llevase a una dirección que se suponía era la de un A. Presley y que muy bien podía coincidir con aquella otra que según el investigador Monte Nicholson, era a la que se había cambiado Jon Burrows luego de irse a Perrysburg, Ohio. Resultó que ya no había nadie con ese nombre viviendo allí, aunque meses atrás la compañía de teléfono me había informado que a petición del cliente el número era ahora privado.

Más tarde, luego de despedirnos de Paul y de vuelta a la estación de trenes, decidimos irnos a caminar por los alrededores y matar las dos horas que todavía nos faltaban para volver a retomar el tren. La ciudad estaba desierta, pero en el Schubert, había función, nada menos que con Robert Goulet y su reposición de "Camelot". En el vestíbulo del hotel una viejita muy atildada me ofreció un programa y me instó a que no dejase de ver a ese extraordinario artista. Todavía estábamos a tiempo, le oi decir, aunque a mí lo que me hubiera gustado era esperarlo a que terminase y preguntarle por qué suponía él que Elvis le tuviese tanta animadversión. Todo el mundo conocía la famosa anécdota de Elvis disparándole al televisor cuando apareció Robert Goulet en la pantalla.

Observé detenidamente las distintas fotos de Goulet que se vendían en el *lobby* y no pude menos que meditar en esta nueva ironía: ahí estaba sobre ese escenario uno de esos pocos seres que le inspiraron a Elvis un fuerte sentimiento de rechazo. Pero lo querido y lo odiado tan intensamente son sentimientos de algún modo gemelos porque revuelven el alma. Me hubiera gustado conocer a ese objeto de "odio", pero la función terminaria justo a la hora en que nuestro tren se marchaba.

Elvis: la tumba sin sosiego

El Texas Eagle nos era también familiar; pero ahora, a pesar de que teníamos una espaciosa habitación, resultaba menos placentero que la vez anterior en que viajamos a San Antonio. Como eran ya las seis de la tarde —y la impaciencia, superior a la falta de distracción—, cenamos y nos fuimos directamente a dormir. A las once y media entramos en Saint Louis. Imposible no ver aquel arco caprichoso que tanto me recuerda a la torre Iznaga de Trinidad, en Cuba, construida con el único propósito de desafiar la imaginación.

LLovía cuando a las siete de la mañana divisé Little Rock por la ventanilla. La estación de trenes, carente de encanto como muchas otras hoy, tenía aire de pobreza y abandono. El empleado nos trajo el periódico local y desayunamos casi felices de sabernos a pocas horas de Texas.

Cuando se perfilaron en el horizonte los rascacielos de Dallas sentir lo mismo que los peregrinos que llegan a la Meca. A pocas millas se encontraba Fort Worth, una ciudad texana que yo había recreado en mi imaginación, no como lo que era, sino como el refugio de un hombre que muchos se inclinaban a creer tenía toda la traza de ser Elvis Presley.

Había viajado dos días en tren, confinada a un pequeño espacio, mientras hacía lo indecible para matar el tiempo y que no surgiera ningún estado claustrofóbico. Pero todos los aburrimientos del mundo y todas las incomodidades me parecieron compensadas cuando finalmente el tren nos dejó en otra de esas estaciones abandonadas a su suerte, y la quietud del aire de la ciudad llenaba mi corazón de interrogantes. Abrí bien los ojos, respiré profundo y me dispuse a vivir la más extraña de las experiencias: descifrar la identidad de mi personaje, ese ser que ahora, para mí, llenaba también de misterio cada rincón por el que avanzaba el automóvil que nos conducía al motel.

Elvis: la tumba sin sosiego

El Fort Worth que ahora se presentaba ante mis ojos tenía cierto aire de ciudad latinoamericana, una mezcla de Miami y alguna provincia de México. Fuera del centro, en los alrededores del noroeste, que era la parte donde estaba situado nuestro motel, reinaba cierto caos en la construcción, como si las casas y los edificios se hubiesen levantado ignorando la presencia de los otros. Abundaban los negocios de mexicanos, los carteles en español, los apellidos hispanos, junto a los *cowboys* de sombrero y botas que se percibían por todos lados. Pero no era una ciudad cosmopolita, sino un amable y para mí familiar lugar que pronto transité como si hubiera vivido allí toda mi vida.

LLamé enseguida a Bárbara, quien había tenido el buen tino de encontrar para nosotros este motel, justo a una distancia prudencial del centro y con una habitación amplia y cómoda. El sitio es muy conocido en la ciudad, especialmente porque da a una pista y escuela de aviación, donde aterrizan los pequeños Ceznas que entran y salen continuamente sin hacer ruido.

Bárbara me había hecho notar, cuando tuvo la amabilidad de reservar la habitacion, que en aquel complejo de aviación era donde Elvis había hecho las transformaciones y decorado del "Lisa Marie" y que durante siete meses el avión permaneció justo allí, en alguna de aquellas naves que yo veía ahora desde la terraza. Era conocido, porque lo reitera la propia Marion Cocke en su libro *I Call Him, Babe*, que Elvis acostumbraba a viajar frecuentemente a Fort Worth para inspeccionar él mismo cómo iba el trabajo del avión, y en una oportunidad invitó a la enfermera Marion a acompañarlo una de esas noches. De acuerdo también a Bárbara, Elvis solía parquear su automovil en aquellos alrededores, al fondo de una tienda.

¿Estuvo Elvis alguna vez de paso en el motel, atravesó su *lobby* o se hizo servir una comida de su restaurante7 ¿O durmió quizás en una de sus suites? No lo sé, pero prefiero imaginarlo y no me cuesta mucho esfuerzo verlo entrar por la puerta que da a la pista, con su paso marcadamente acelerado y esa sonrisa tan suya. A las tres o cuatro de la madrugada nadie deambula por el

Elvis: la tumba sin sosiego

vestíbulo y menos por este motel a las afueras de una ciudad, de por sí mortecina.

Bárbara me reiteró que yo vería a Jon, como en principio habíamos acordado días antes por teléfono, al otro día y que ella me llamaría para señalar la hora exacta. El no estaba en la ciudad en ese momento de nuestra conversación y cuando llegase, me señaló, ya yo estaría durmiendo. Así que me limité a esperar. Hacía varios meses que vivía en este estado de impaciente limbo, de modo que esta vez me dije con resignación feliz que por mucho que se alargara este encuentro, no podia demorar más allá de otras veinticuatro horas. Porque si Jon Burrows había decidido encontrarse conmigo estaba segura de que lo haría. Desde nuestra primera conversación telefónica tuve la impresión de que podía confiar en sus palabras, aunque yo no supiera bien en qué orden colocarlas.

Me di un baño, me vestí y nos fuimos mi hijo y yo a los famosos Stockyards de Fort Worth, un sitio que en principio pretende mostrarle a los turistas la verdadera esencia del alma texana. Nuestra primera cena en uno de aquellos típicos restaurantes me hizo pensar en cómo la rusticidad amable de una cultura es siempre la misma en cualquier sitio. Caminando por los Stockyards reconocí el mundo de mi abuelo paterno; allí estaba reflejada parte de mi infancia: el olor a cuero de las monturas, los arneses, los sombreros que protejían del inclemente sol de la provincia más ardiente de Cuba; el olor que despedía la carne chamuscada cuando marcaban al ganado; el cambio de herraduras de los caballos, aquellas raquetas enormes con que les cepillaban las colas (!qué envidia me daba entonces de niña esa larga y sedosa cabellera!).

Regresamos al hotel y aunque no pude conciliar en mucho rato el sueño, pues se había apoderado de mí una suerte de melancolía lógica —la que producen la mezcla de cansancio, ciertas gotas de frustración y la espectativa en que vivía desde hacía meses—, me levanté al alba para ver salir el sol desde mi ventana. Hacía mucho que no tenía ese priviligio. Además, el sol de Texas, como su cielo, era distinto. Un poco mi cielo, con la transparencia del azul único que yo conocí de niña. Además, quería ver cómo amanecía la ciudad en que pronto, muy pronto, me iba a encontrar por vez primera con el hombre que desde hacía meses constituía para mí el más extraordinario de los enigmas. Elvis o quien fuera, pero finalmente aquel día, por fin, podría tenerlo ante mis ojos.

Elvis: la tumba sin sosiego

Mientras desayunábamos sentados a la mesa de un restaurante de los alrededores del motel, yo contemplaba por la amplia ventana de cristal el mundo doméstico de Fort Worth, aquella North Main Street que va a dar directamente al renovado y apacible centro de la ciudad; el ir y venir de los automóviles; cierto espíritu pueblerino que revolotea en el aire. Comenzaba a tomarle el pulso, a girar al ritmo de su gente, y al meterme en esa corriente que fluye de modo distinto en cada sitio yo comenzaba a entender mejor a Jon Burrows. Me sobraba imaginación para verlo transitar sus calles, para adivinar dónde se metía cuando, de paso por la ciudad, al atardecer, comenzaba su vida.

Sí, Fort Worth es una ciudad cómoda para alguien que quiera vivir en el anonimato, una ciudad sin estruendos, la transición entre dos mundos: el de los rústicos *cowboys* modernos y el de los mexicanos que se han instalado acá con sus hábitos y su idioma. Pero, ¿cómo se acomodaba Jon Burrows en este contexto? No podía afirmarlo entonces muy bien, pero la presencia de varios amigos íntimos y el saberse cómodo y protegido entre ellos, era quizás una de las razones que quizás tenía para disfrutar de esta *sui géneris* ciudad texana.

A media mañana Bárbara llamó para decirme que ella y Jon estarían en el motel alrededor de las siete y media de la noche. Faltaba mucho para entonces, así que nos fuimos al Sid Richardson Collection of Western Art a ver el mundo de Frederick Remington y Charles M. Russell, en el mismo centro de Fort Worth.

Las horas, como era de esperar, no se fueron volando. Tuve que gastarlas en trivialidades que no alejaron de mi espíritu la in-

Elvis: la tumba sin sosiego

quietud ni el desasosiego. Las más de dos mil millas que había viajado en tren desde las inmediaciones de New York, no se compesarían en lo más mínimo si yo no me llevaba una idea clara de mi personaje. Tendría que abrir mucho los ojos, estar muy atenta a los detalles —a todos esos que yo me sabía de memoria por las muchas lecturas sobre Elvis que había realizado, en especial en los últimos años—, para determinar si se trataba de la misma persona. Pero, ¿es posible reconocer a alguien que nunca se ha visto antes, que ha sido magnificada o tergiversada por las miles de páginas escritas sobre ella o las incontables fotos que han reproducido uno de los rostros más conocidos del siglo? Yo me aseguraba a mí misma una y otra vez que esto era posible aunque nunca antes lo hubiera visto o quince años de desaparición hubiesen abierto un legítimo paréntesis de extrañeza en aquellos rasgos tan conocidos.

De seguro había escogido inconscientemente vestirme de blanco para aquella primera reunión. Es el color con el que siempre he viajado en avión, con el que me siento segura, protegida por esa hermosa Virgen de las Mercedes en cuya iglesia del barrio más antiguo de La Habana entré un dia llena de desesperación y angustia, sin saber a ciertas que aquella era la patrona de los prisioneros, que aquella linda mujer guardaba las llaves de las cárceles. Ella es también Obatalá, una deidad africana muy reverenciada en la isla de Cuba por los practicantes de la fe que sintetiza las divinidades africanas con los santos católicos.

Pero blanco es también el color de la pureza, de lo que no puede tener manchas ni ocultamiento y para alguien que no me conociera más que a través de la voz o algunos de mis escritos, este color era una especie de sencillo mensaje, un trasmisor de energía positiva.

Pasadas las siete y media, tocaron suavemente a la puerta de la habitación y era Bárbara, rubia, con un rostro suave que radiaba dinamismo y simpatía. No tuve tiempo de reaccionar a su sonrisa y a su efusivo abrazo, porque de inmediato la oi decir: "Puedes venir, Jon". Y ahí, frente a mí, de improviso, estaba él.

Turbada ante aquel ser le extendí la mano, pero su saludo fue más espontáneo y me abrazó suavemente, mientras le oía decir no sin cierta espectacularidad: "Lo siento, no soy Elvis Presley".

A simple vista no lo era, pero ¿quién entonces? ¿Quién era

Elvis: la tumba sin sosiego

este hombre extraño, con una piel excesivamente tostada, vestido como Elvis lo haría fuera del escenario, con uno de sus típicos espejuelos y las manos ensortijadas? ¿No era realmente Elvis? ¿Qué quedaba de Elvis detrás de aquellos rasgos? Apenas si podía verle los ojos pues llevaba todo el tiempo gafas oscuras como las de él. Para mi satisfacción, Jon había escogido como yo el blanco. La chaqueta blanca de corte impecable que vestía, combinada con el negro de los pantalones, resaltaba aún más su piel extremadamente dorada y su hermoso pelo negro. Aunque teñido, había en él una asimilación natural al color, de modo que el negro no endurecía sus rasgos, ni contrastaba violentamente con su físico. Se haría imposible imaginarlo con otro color de pelo, porque éste le había creado una segunda naturaleza.

Creía adivinar en sus rasgos alguna gota de sangre de los nativos americanos, o incluso podía hacerme recordar a Steward Granger, tal como lo había visto días antes en mi sueño. No era que se le pareciese, pero había en Jon un exotismo que yo no podia definir de otra forma más que asociándolo entonces a los propios rasgos muy marcados del actor.

Mientras yo los invitaba, aún sin reponerme, a que tomaran asiento, tuve oportunidad de comenzar a observar en detalle sus características más sobresalientes, el óvalo de su rostro, el mentón, la frente, la boca, la nariz. Ahora ya me era posible distinguir sus ojos a través del cristal de sus gafas, como si me hubiese ido acontumbrando a las penumbras de una habitación. Yo sabía que de existir algún secreto estaría escondido en aquellos ojos, así que no los perdería de vista.

Pero se me hacía difícil tratar de localizar a Elvis en aquellos rasgos, acentuados ahora por el tinte subido de la piel. Además, la nariz era otra, muy distinta en principio a la suya, aunque no dejaba de llamarme la atención el hecho de que me pareciese una nariz artificial, o como ésas que tienen los boxeadores, deformadas a fuerza de golpes.

Desorientada como estaba con lo que a simple vista no eran las características de Elvis, pues tampoco aparecía por ningún lado su famosa sonrisa, aquella en la que él alzaba con tanta seducción la comisura de sus labios, me di entonces a la tarea de encontrar los rasgos comunes. Por ellos llegué a la conclusión de que Jon tenía el mismo óvalo del rostro que Elvis, el mismo mentón, la misma frente, la misma cabellera con las mismas entradas, pero sobre todo, la expresión de los ojos era muy parecida. Además, tenía su estatura y la misma caida de hombros, y al mantenerse ahora delgado, encajaba en una imagen renovada

Elvis: la tumba sin sosiego

de Elvis que con un poco de imaginacion recordaba al de cierta etapa. Todo esto, unido a una voz muy similar, lograban mantenerme en la más profunda confusión. Miré entonces sus manos ensortijadas, pero en primera instancia no me parecieron las de Elvis, aunque éstas también fueran de dedos finos, con nudillos que sobresalían. Pero, acaso —me preguntaba ahora—¿bastaban unas cuantas fotografías para saber con exactitud cómo eran en realidad las manos de Elvis?

Yo tenía por delante el resto de la noche para familiarizarme con la imagen de este Jon Burrows lleno de interrogantes que ahora, sentado al otro lado de la pequeña mesa de la habitación, parecía llenar con su presencia toda la atmósfera del cuarto. En una poltrona cerca de nosotros, se había acomodado una sonriente Bárbara.

Preferí que este primer encuentro fuese un intercambio de impresiones, al que —como el que recibe en casa a un viejo amigo al que no ha visto en mucho tiempo—, dejé que la conversación se deslizara suavemente por los cauces imprevistos y así fuésemos llenando las lagunas mutuas que era lógico existieran en el breve conocimiento que teníamos el uno del otro. ¿De que forma, si no, ambos podríamos sentirnos cómodos para expresarnos libremente? Yo no venía en plan de verdugo, ni de interrogador. El se había convertido desde hacía tiempo en el personaje de mi libro, en ese otro "Elvis". Y un personaje, para un escritor, es alguien al que uno va conformando, añadiendo o quitando rasgos físicos y morales. Jon Burrows podía ser de ahora en adelante lo que yo quisiera, pues a mi modo no dejaba de "inventarlo", de transformarlo en un imaginario Elvis.

Pero, ¿era ése realmente mi propósito? ¿Inventar a Elvis? ¿O me limitaría a descifrar a Jon Burrows? Sentado frente a mí, con ese peculiar movimiento de cabeza que ya le atribuí como una de sus características, le vi por un instante los ojos al despojarse de las gafas para cambiarlas por unas transparentes. Fue un chispazo, la brevedad de lo que demora una estrella fugaz en recorrer el cielo antes de desaparecer, pero me bastó para comprender que quizás yo nunca sabría tampoco la verdad sobre Jon Burrows.

Elvis: la tumba sin sosiego

Yo había confeccionado antes de mi viaje dos cuestionarios con algunas de las preguntas que me parecían más apropiadas para este primer encuentro. Como vivía en un mar de confusiones, pensé que lo mejor era ir preparada para enfrentar las eventualidades, por eso escribí en primer término preguntas para el caso de que se tratara de Elvis y me fuese relativamente fácil identificarlo; y en segundo lugar, las que yo debería preguntarle a Jon Burrows si resultaba evidente que no era Elvis. Había pensado también en la posibilidad de hacer un tercer cuestionario para el caso de que la turbación fuese completa y yo no supiese a qué atenerme, pues las dudas pesasen más que las evidencias. No llegué a escribir las preguntas de esta tercera opción, porque al final me dije a mí misma que eso no era posible, que en uno u otro caso yo sabría a qué atenerme.

También, dos semanas antes de mi viaje, logré que una amiga hiciera una traducción oral al inglés, de lo que hasta entonces había escrito sobre Jon y la grabé en un par de cintas de *casette*, que le hice llegar por correo. Quería saber su opinión sobre este primer capítulo, de modo que durante mi visita a Fort Worth pudiese yo recoger sus impresiones. Junto con la grabación yo le había enviado una copia del original en español, también con la esperanza de que ayudado por un traductor pudiese echarle un vistazo.

La noche de este primer encuentro, Jon trajo la copia del original en español que yo le había enviado y juntos revisamos sus dudas. Una muy significativa —y en la cual no le faltaba razón— era la palabra "aparición", que tanto en español como en inglés significan también "fantasma". Pero en mi texto estaba utilizada como "presentación" o "hacerse notar'. Tratándose de su espectáculo, quería estar seguro que yo no estaba haciendo una asociación errónea. La intención del título de su espectáculo, "The Spiritu of Elvis", no era hacerle creer a la gente que él era un ser poseído por el fantasma de Elvis, o algo por el estilo.

Según me comentó, le había gustado muchísimo ese capítulo sobre él, especialmente la parte de la entrevista, por considerarla

Elvis: la tumba sin sosiego

también la más realista, y se ofreció gentilmente para colaborar en todo lo que estuviese relacionado con su persona, de modo que yo pudiera sentirme satisfecha con mi libro. No sólo autorizaba todo lo que ya habia escrito, sino que se ponía a mi disposición para aclarar las dudas que en torno al tema fuesen surgiendo durante la escritura del libro.

Al cabo de nuestra larga y cordial charla donde hablamos también de muchos otros temas que no concernían al libro, Jon me pidió que le hiciera las preguntas. Un poco en bromas le regañé por su impaciencia, pero este pequeño detalle de su carácter me recordó a Elvis, a un ser lleno de energía interna, que pareciese incapaz de permanecer mucho rato sentado o de controlar su aburrimiento.

No tuve que pedirle permiso para grabar nuestra conversación, pues él mismo se encargó de decirme, al ver la grabadora que yo tenía cerca de nosotros, que no le importaba si yo quería hacerlo. Pero antes de activar la máquina y comenzar a leer mi questionario, quise explicarle que yo había confeccionado aquellas dos listas, una para él y otra para el supuesto caso de que se me hiciera muy evidente que se trataba de Elvis.

No sin dejar de sonreir, me pidió que le dejase leer antes aquellas preguntas. Las de Elvis venían en primer orden, así que vi enseguida cómo pasaba ahora sus ojos llenos de malicia por sobre las inquietantes interrogaciones.

Cuando me devolvió las páginas y comencé a preguntarle el cuestionario de Jon Burrows, me propuse olvidarme de la imagen de Elvis y tratar de lograr un mayor grado de precisión en sus respuestas, de modo que por lo menos pudiese llevarme una idea lo más clara posible de quién era este hombre. Pero no iba a ser tan fácil.

"Si usted no es Elvis, ¿quién realmente es?"

"Jon Burrows" —le oi decir con absoluto control de la voz, aunque yo insistí en preguntarle de nuevo por su nombre verdadero, y él volvía a repetirme con parsimonia el nombre de Jon Burrows.

"Está bien, pero, realmente, ¿cómo fue su infancia?"

Elvis: la tumba sin sosiego

"Fui realmente mimado, pues al crecer como hijo único mis padres me complacían en todo lo que yo quería o necesitaba; mis padres hacían todo lo necesario para darme lo mejor que podían. Y fui a la escuela primaria y luego al High School... y realmente fui amado por mis padres".

"¿Pero tuvo una infancia de pobreza?"

"Yo realmente no supe lo que era crecer siendo pobre. La única cosa que yo sabía era que mi padre estaba en casa y teníamos comida y un lugar donde vivir. Yo no supe lo pobre que éramos hasta los años cincuenta, cuando la gente me preguntaba "¿Pero tú no tienes...?" y yo les decía "No, no tengo". Y entonces fue cuando me di cuenta de lo pobre que éramos, cuando alguien me preguntaba si yo tenía algo que supuestamente debería tener y no era así. Pero recordando todo aquello yo diría que realmente estábamos muy lejos de ser pobres, porque siempre teníamos comida y un lugar donde vivir y siempre teníamos ropa".

Me llamaba la atención, oyéndolo expresarse con aquella humildad, su falta de resentimiento hacia la vida, el que pudiese sacar conclusiones positivas donde otros —recordando sobre todo la adolescencia pobre— no tendrían más que rencor hacia el pasado. Así que me animé a preguntarle por el nombre de sus padres. En principio me respondió negativamente con la cabeza y luego le oi aquel "NO" rotundo que utilizaría alguna que otra vez durante la noche y que hablaba muy a las claras de ese otro lado de su escondida personalidad: la del que ha estado acostumbrado a expresar autoridad. "Quizás más adelante", agregó enseguida en el mismo tono, tratando de no lastimarme. Mi próxima pregunta había quedado óbviamente respondida anteriormente, pero sus negativas me ponían demasiado nerviosa para lograr saltar la lectura de aquella que aparecía ahora ante mí:

"¿Tiene usted alguna hermana o hermano?"

"No".

Era obvio que hubiese correspondido preguntarle a continuación si había tenido algún hermano gemelo, pero aunque me moría por hacerlo, permanecí callada y continué con la próxima, que corroraba tan sólo lo que él me había expresado en nuestras anteriores conversaciones:

"¿Ha estado casado, no?"

"Sí".

De nuevo, yo sabía que chocaría contra esa muralla que él alzaba y que constituían sus misterios, sus rarezas:

"¿Cuál es el nombre de su antigua esposa?"

Quiso cerciorarse de que me había oido bien:

"¿El nombre de mi antigua esposa?" —repitió sopesando las

Elvis: la tumba sin sosiego

palabras, pero esta vez el tono era conciliador—. "Puedo decir que estuve casado, me divorcié, no recuerdo bien cuándo, a principios de los setenta. Tengo una hija..."
Le agradecí su respuesta, el que hubiera esquivado el rotundo "NO", pero también el tono generoso conque intentó excusarse: "Me siento incómodo ahora, porque yo... Bueno, próxima pregunta..." Y cuando yo intentaba de nuevo la lectura, le oi balbucear apenado: "Lo siento". Volví a mis preguntas:
"¿Tiene usted nietos?"
"Sí".
"¿Cuántos?"
"Dos".
Hubiera encajado muy bien indagar aquí un poco en la vida de esa hija, pero me abstuve de llevar el hilo de la conversación por un camino que a todas luces parecía cerrado. Entonces intenté regresar a su pasado:
"¿Cuál era su ocupación antes del 78? ¿Qué hizo antes de dedicarse a ser un intérprete de la música de Elvis?
"Estuve haciendo un poco de promoción artística. ¿Me está preguntando sobre los cincuenta, los sesenta, los setenta?"
"Sí".
"Bueno, realmente eso es treinta años atrás. Yo no comencé a ser un intérprete hasta el 78".
"¿Pero usted cantó profesionalmente antes?"
"No".
"Entonces, ¿cómo se ganaba la vida?"
"Haciendo un poco de promoción, pero realmente sólo un poco de promoción musical. Luego, en los setenta, trabajos ejecutivos vendiendo cosas como ésas".
Pensé que, de ser Elvis, tampoco me estaba mintiendo, pues el cantante poseyó a lo largo de los treinta años que abarcaron su carrera, varias pequeñas compañas (Gladys Music, Elvis Music y Boxcar) de promoción musical.
Me tocaba ahora preguntarle una de las más intrigantes cuestiones en torno a Jon Burrows:
"¿Cómo usted explica que tenga la misma escritura de Elvis?"
"Así es como es, yo no sé. Monte Nicholson dijo en el programa aquel que mi escritura de la carta a David Wasson era la misma, y luego se dijo que era falsificada, lo cual no era cierto, porque eso es ir contra la ley y yo no he ido contra la ley, ésa es mi escritura. Pero en mi opinión la mía no es la misma que la de Elvis. Así es como yo escribí hace dos años a David Wasson, y la de Elvis a Nixon fue escrita en 1970 y eso no fue hace dos años, sino antes".

Elvis: la tumba sin sosiego

"Bueno, yo tengo otra escritura de Elvis. Yo encontré un disco suyo en una tienda en Memphis, bueno, —le explico—, como si estuviese esperando por mí aquel disco. Dice: "Love me Tender. Elvis Presley". El hombre de la tienda, que es un coleccionista de Elvis, enseguida se dio cuenta de que aquello se le había pasado desapercibido y yo tuve que convencerlo de que ésa no era la letra de Elvis, de que cualquiera podía imitarla muy bien; porque de otro modo quizás no me lo hubiera vendido. El disco, por cosas del destino, estaba en una caja con otros desechados y se vendía al increible precio de $0.50. Y también tengo—continué explicándole— la copia de otra cosa escrita por Elvis sobre un disco de Navidad, algo que dice "Best Wishes. Elvis Presley". Y ambos son iguales a su letra, Jon. Déjeme mostrarle algo..."

Me levanté y fui hacia donde yo había depositado los papeles y documentos que en torno a mi libro había traido conmigo. Le mostré cómo ambas escrituras coincidían en casi un noventa y nueve por ciento, a pesar de que mediaban más de veinte años entre una y otra y de que la carta de Elvis estaba escrita —era evidente que por lo pequeño de las hojas en que la había hecho— en una letra casi minúscula. El no se dejó vencer por mi insistencia, ni cuando le mostré cómo en ambos estaban presentes esas características tan evidentes de abrir, por ejemplo, la pata de la q.

Observaba todo sin demasiada atención, más bien resignado a que yo volviese sobre el tema, para finalmente reiterar —no sin cierta convicción— que él no las encontraba tan parecidas: "No, realmente no pienso que mi escritura y la de Elvis son la misma. Si se fija bien se puede encontrar una gran cantidad de diferencias".

Pero yo insistía en mostrarle que en la de él estaban las varias T de Elvis, las M, las N, las S. Y le iba señalando, sobre el material original, dónde aparecían las mayores coincidencias.

De una forma u otra, mi verdadera intención al preguntarle una y otra vez sobre los mismos temas —esta vez con mayor dureza de mi parte al confrontarlo personalmente—, no estaba encaminada a cogerlo en algún fallo, sino a socavar —llamémosle de algún modo— su ánimo, lo que yo creía era un modo de conmoverlo con mi alegada sinceridad. Fue entonces que le oi decir, no una, sino dos veces: "¿Quién quiere usted que yo sea?"

Yo no podía creerlo, porque ésa era precisamente la pregunta que yo tenía destinada como exergo para la próxima parte de mi capítulo. Me había fascinado cuando a raíz de leer algo sobre "Olivier, Olivier", la película de la polaca-francesa, que gira en torno a un drama de identidad, aparece un joven que dice ser el hijo extrañamente desaparecido hacia años.

Elvis: la tumba sin sosiego

Cuando surgen las dudas de si se trata o no del mismo personaje, Olivier, que es a su vez un encantador y extraño joven, pregunta a uno de aquellos supuestos familiares, como lo acababa de hacer Jon: "Who do you want me to be?" ("¿Quién quiere usted que sea?")

Me fascinó la idea de que la ficción se hubiese hecho algo tan real delante de mis ojos.

DE NUEVO AQUEL "WHO DE YOU WANT ME TO BE?"

Lo vi ladear la cabeza con aquel gesto tan característico suyo, y observé de nuevo sus manos demasiado juveniles para su edad. Aquella noche usaba en total cuatro sortijas, pero la réplica de la otra famosa con el TCB la tenía en el índice de la derecha. No sabría decir, y tampoco le pregunté, si las demás lo eran también de otras de Elvis, pero a juzgar por lo que veía a simple vista todas tenían gran valor como joyas y habían sido especialmente confeccionadas para él.

Jon no cabía en ninguna definición esquemática; su exótica apariencia, que acentuaba aquella camisa de flores con puños "rumberos" a lo Elvis, y el modo que tenía de moverse, sin siquiera caminar por la habitación, lo gritaban a simple vista.

El pelo negro y lacio le caía en un mechón, sobre el lado izquierdo de la frente igual que a Elvis. Y luego estaban sus ojos. Esos ojos azulosos, a ratos con tonos grises y avellanados, con los que fijaba la mirada. Yo hubiera querido adivinar en qué pensaban realmente cuando, sin pestañear, se enfrentaban a los míos. No evadía la mirada, como podría hacerlo un mentiroso, sino que por el contrario a mí me parecía que los desmesuraba al aliarlos a su movimiento de cabeza, como para que me fuera posible leer en ellos su verdad. ¿Pero cuál era aquella verdad? O la fijeza con la que alguna que otra vez parecerían decirme: "Mírame, ¿no me reconoces?"

No, yo no lo reconocía. Pero yo sabía que Jon podía muy bien ser Elvis. Especialmente por aquella personalidad avasalladora que sin duda distingue a un artista innovador del resto de los comunes mortales. Tampoco podría decir que se tratase de un simple imitador del otro. No habría más que compararlo al resto de los que aparecen a diario en la televisión, para saber que Jon Burrows era algo muy especial, pero yo me sentía incapacitada para hacer un juicio definitivo.

Elvis: la tumba sin sosiego

¿Cómo pretenderlo si yo sólo conocía a un Elvis de papel fotográfico, un Elvis que a cada paso cambiaba de rostro a medida que pasaba el tiempo, o con sólo usar una de sus famosas gafas? Me sentí un poco perdida en el misterio de Jon Burrows. Frustrada era la palabra que correspondía. Pero no porque como él mismo Jon se había encargado de advertirme antes de mi viaje —"Porque yo no soy Elvis Presley"—, sino por la extraña situación en que me hallaba, incapaz de descubrir por mí misma quién era "El Espritu de Elvis", este carismático Jon Burrows, que irradiaba a su vez paz y vitalidad, que llenaba la estancia toda con su presencia de ser intangible, de estrella fugaz caída de improviso en la tierra. Jon o Elvis, yo intenté continuar con mis preguntas, pero era él quien me interrogaba ahora:
"Volviendo a lo de la escritura, ¿por qué querría yo falsificar la escritura de Elvis Presley? No habría razon".
"¿Si no existe una razón, por qué entonces usted se parece a Elvis o trata de parecerse a Elvis?"
"Para ser un "Elvis *entertainer*" usted tiene que tratar de lucir como él".
"¿Todo el tiempo?"
"Tengo que vestirme como él en público".
"¿Pero no tiene usted vida privada?"
"Mínima. No puedo quitarme la cabeza y ponerla en una caja. ¿Ve lo que le digo? Cuando quiero descansar, no uso esta camisa y trato de rebajar la imagen un poco, pero no puedo cortarme la cabeza... Cuando la gente me pide el autógrafo, ellos quieren de corazón que yo sea Elvis Presley".
 En realidad me avergonzaba de mi agresivo interrogatorio pero yo intentaba, quizás sin percatarme de ello, sacarlo de quicio. No lo conseguí, Jon no se alteraba o por lo menos no lo dejaba traslucir. Lo que menos hubiese deseado era causarle la impresión de acorralamiento, pero era evidente que a lo mejor lo estaba consiguiendo.
 Desde que había entrado en contacto con Jon Burrows, la naturaleza misma de mi libro se había ido alterando, aunque siguiera imperturbable en mí la decisión de respetar —de estar vivo Elvis y yo descubrirlo— su voluntad de anonimato. Pero queriéndolo o no, Jon era el mayor interrogante con el que yo me había topado y pensaba que valía la pena que los lectores se dieran como yo a la tarea —a través de mi narración, de lo que yo podía ofrecerles de primera mano— de llegar por sí mismos a sus propias conclusiones. ¿Era Jon Burrows el propio Elvis Presley? En fin, que la dulce agonía por la que yo estaba atravesando para llegar a cualesquiera de las conclusiones, bien

Elvis: la tumba sin sosiego

valía la pena compartirla con los lectores. Así que pretendí por un momento imaginar que aquel que estaba frente a mí, con su cabellera negra, sus finos modales, su rostro bronceado, donde sobresalía el azul de los ojos, era el propio Elvis. ¿Por qué no, pareció decirme algún "angel" misterioso que atravesase volando la amplia habitación del motel? "Fíjate de nuevo en sus ojos —oi que me decía moviendo sus alas— y en el óvalo de su rostro, y en su frente y en su modo peculiar de ladear la cabeza y en la forma en que se sujeta la barbilla, en tono pensativo... Pero sobre todo —pareció ahora repetirme el angel con marcada decisión— óyele el tono de voz, el timbre sonoro que bien podría ser el de Elvis... Y sus OK y sus apoya- turas a la hora de recalcar ciertas cosas, y su característico balbuceo... Y la risa...¿Y ya te olvidaste de la escritura?"

Yo preferí no seguir oyendo las afirmaciones de aquel "angel" —nada descabelladas por cierto, sino todo lo contrario, llenas de lógica— y volver a las preguntas.

"Pero, ¿esto es un negocio para usted?"

"¿Un negocio? No. Es por eso que yo lo llamo el espectáculo del "El espíritu de Elvis". Porque cuando yo hago mi presentación y me voy y veo a la gente feliz disfruto siendo un *entertainer* de Elvis Presley".

"Pero, ¿por qué? ¿No tiene usted otra cosa que hacer que...?

"Yo lo disfruto..." (Lo dijo con voz de niño que respondiese a una reprimenda).

"Pero por lo regular uno tiene que hacer cosas para ganarse la vida, no sólo disfrutar..."

"Bueno, a mí me dan un poco..."

"Por favor, Jon..."(Le respondí no sin cierta ironía. El tren de vida de Jon no estaba acorde con su tono resignado).

"Recibo un poco... Yo no necesito mucho dinero, porque cuando llego a un pueblo a actuar el promotor me sitúa en un motel. Me dan un lugar para estar y me dan comida. Me facilitan también la transportación... Sólo gasto cuando me traslado a Ohio, porque regreso aquí primero".

"Pero, ¿usted vive en Ohio?"

"Tengo una casa en Ohio. ¿Cuál es la otra pregunta? —dice sin impacientarse, pero vuelve a su vez a preguntarme "Who do you want me to be"?

"Jon Burrows, pero realmente no creo que usted se llame así, es imposible".

"Está en mi certificado de nacimiento".

(Dejándolo por imposible) Dígame ahora si usted ha sido cualesquiera de estas personas: ¿Jimmy Ellis, Steven Silver, Silver

Elvis: la tumba sin sosiego

Nora, Orion?"
"No, nunca he sido ninguna de esas personas. Nunca usé una máscara tampoco, como Jimmy Ellis".
"¿Por qué a usted le gusta el misterio?"
"¿Por qué yo soy misterioso?
"Bueno, usted es misterioso, muy misterioso. No es posible hablarle a usted sin intermediarios o llamarlo directamente, o hablar con usted en la calle. Usted es un hombre misterioso".
"Yo puedo salir a la calle y la gente me habla. Realmente no trato de ser una persona misteriosa. Si algunas veces eso sucede, yo no tengo una explicación que dar. Cuando Elvis estaba cantando sí se convirtió en una persona misteriosa, se convirtió en un prisionero en su propia casa, en los altos de Graceland. Vivía amenazado; nunca salía afuera y no podía hablar con las personas reales. Yo realmente no quisiera ser así, pero algunas veces uno se envuelve en eso por la gente y mi guardaespalda tiene que estar ahí, porque la publicidad es contínua y tiene que impedir que la gente se suba al escenario. Hace tres años yo estaba cantando y una muchacha se trepó al escenario y comenzó a gatear tratando de llegar a mí. El guarda casi no podía detener a la gente y yo comencé a sentir que tampoco podía hablarles. Di el concierto, pero salir de allí fue terrible. Realmente no quiero ser una persona misteriosa".
"¿Supo Elvis alguna vez que usted tenía la misma voz de él?
"Creo que sí, pero él no dijo nada porque en 1973 había muchos que hacían ya de Elvis *impersonators*. Esto venía de mucho atrás, desde los cincuenta. Pero acerca de esto él no dijo nada. Yo no sé si él oyó cómo yo cantaba o no".
"¿Usted conoció a Elvis por alguna razón especial?"
"Yo tenía un buen amigo entonces en el *show*, en 1973, y arregló un encuentro con él en el Green Oat Inn, en las afueras de Fort Worth. Elvis tenía todo el piso de arriba del Green Oat para él y mucha gente".
"¿Y él nunca lo utilizó como doble?"
"No, nunca. Hubo un buen amigo mío que hizo algunas veces de doble, pero no se parecía para nada a Elvis..."
Le oigo entonces hablar de varias parsonas que fueron utilizadas por Elvis alguna que otra vez e incluso le pregunta a Bárbara, su asistenta, por el nombre de alguien. Pero no puede recordar los otros, aunque hace referencia a uno que en 1969 y 1970 Elvis utilizó, y que guardaba cierto parecido con el cantante.
La conversación deriva ahora hacia Ronnie McDowell y su éxito como intérpete de la música de Elvis. Jon dice no haberlo

conocido en persona, pero agrega: "El es muy bueno, aunque no se parece físicamente a Elvis, tiene el pelo claro..."

Durante mis anteriores entrevistas telefónicas yo había dejado pasar lo que a todas vistas era una pregunta clave para determinar la verdadera identidad de Jon Burrows. Quizás fuese que la estaba dejando o para el momento en que pudiera hacérsela frente a frente, o quizás también era que temía su respuesta.

Decidí que justo ahora deba preguntarle por qué, de acuerdo a Ron, su empresario, él se había hecho una cirugía plástica en 1979.

"No sé por qué le dijo eso —y por primera vez sentí que se había molestado, no conmigo sino con el otro".

"El me dijo que usted se hizo la cirugía plástica para no parecerse tanto a Elvis".

"(Evidentemente contrariado). Pero no sé por qué él le dijo eso".

"Pues no sé...", le respondí llena de confusión.

"Bueno, para quitarme algunas líneas y también cambié un poco mi nariz que era más puntiaguda. (Sin dejar su tono ligeramente contrariado) Pero no sé por qué Ron tuvo que decir eso..."

Como vio que vacilé antes de hacerle la próxima pregunta, pues deseaba ahora evadirla, quiso leer por sí mismo aquello que tanto me inquietaba ahora. No era para menos. Me sentí avergonzada cuando le oi leer en voz alta mi pregunta: "¿Está Elvis vivo y le paga a usted para lograr que la gente piense esto?"

(La pregunta no parecía molestarlo). "Usted sabe.., cuando Elvis hacía sus presentaciones, era como un hombre mal menejado, él se metió él mismo en una prisión y no podía leer todos esos libros que se escribían sobre él... No, Elvis Presley no me pagó ningún dinero... es lo que puedo decirle".

Me sentí aliviada y continué ahora preguntándole por qué no cantaba con su propia voz en los conciertos:

"Algunas veces hago un gran número de canciones en mi propia voz, pero la gente está tan, tan envuelta en lo que estoy haciendo, que no le importa porque todo está dentro de "El Espritu de Elvis"... Así que a veces canto con mi propia voz al principio y al final con mi banda..."

"¿Estudió vocalización para cantar?"

"No, nunca lo hice y nunca pensé que tenía que hacerlo". Y entonces agrega como para sí mismo: "Es duro cantar en la mañana, la mejor hora es en medio de la noche"...

"Dígame, ¿cuántas vidas vive usted?"

"Dos. ¿Necesita que se lo explique?" —y no sé por qué vi que me miraba fíjamente con los ojos muy abiertos—. "Vivo dos vidas. Vivo la vida pública como un artista y cuando no lo soy trato de tener una pequeña vida privada".

Elvis: la tumba sin sosiego

No me importaba volver quizás dos veces sobre una misma pregunta si ella me iba a llevar a un mejor conocimiento de mi personaje, por eso insistí en su vida privada, en su familia, en alguna relación afectiva.
Hace mucho tiempo me divorcié, le repito. Es muy difícil estar envuelto en una buena relación con una dama, porque estando siempre de un sitio para otro no es fácil. Y además siendo un hombre cristiano tengo que encontrar a una mujer cristiana, que piense las mismas cosas que yo pienso. Y hay una gran cantidad de mujeres que no creen en la forma cristiana... Es muy difícil encontrar, le digo, una buena relación..."
"¿Cuánto hace que conoce a Bárbara, su asistenta?
"Mucho tiempo. Ella tenía algunos libros cristianos y me dio algunos y yo comencé a leer libros cristianos, no religiosos, sino cristianos, y así fue como básicamente la conocí a ella".
De pronto, lo sentí impaciente por terminar. Estaba quizás agotado con mi interrogatorio, así que le dije lo que pensaba:
"¿Cómo siendo usted un *Born Again Christian* me esté mintiendo sobre su nombre?"
(Repitió en voz alta, casi incrédulo, mi pregunta). "No le estoy mintiendo..."
"¿Usted nunca miente?"
"No intencionalmente. Si yo le digo algo a usted y mañana encuentro que le mentí no lo hice a propósito".
"Bueno, ¿realmente le gusta montar a caballo?", le dije para cambiar el tema.
"(Se le ilumina el rostro). Sí, me gusta mucho".
"¿Tiene usted una finca?"
"No más. Hace tiempo tenía una. Bueno, no era realmente una finca. Era como un rancho, un par de edificios... pero eso fue hace mucho tiempo..."
Otra vez vuelvo sobre la pregunta de si tocaba el piano y la guitarra.
"Trato, pero no muy bien..."
El tono fue tan humilde y sencillo que por supuesto no lo creí. Quise por eso indagar más en su naturaleza humana y le pregunté realmente cómo era él, si su vida correspondía exactamente a aquella que él me había indicado en nuestras primeras entrevistas. Quería precisiones, por eso indagué más en la calidad de su vida, si era cierto que dormía cada día hasta las tres o cuatro de la tarde...
"No todos los días. Sólo cuando no trabajo. Pero mi vida es muy atareada y cuando a veces me despierto a las tres de la mañana en medio del camino y me pregunto en medio de los

Elvis: la tumba sin sosiego

pueblos: "¿Dónde estoy", siento que necesito volver de nuevo a ser yo mismo, a controlarme. Por eso cuando voy a los restaurantes pido vegetales, ya no tomo café, la única cosa que bebo es agua y té, y trato de apartarme de los *junk food*... "
"¿No es terrible esa vida, moverse así de un sitio a otro?"
"Yo realmente lo disfruto. Si tengo que estar mucho tiempo en un mismo lugar me aburro. Me gusta moverme, hacer *shows*, sentirme presionado, presionar a la gente de la banda, a la gente que está conmigo. Es realmente duro entretener a la gente, pero..."
"¿No será que usted está muy deprimido y necesita estar moviéndose constantemente?"
"No, no lo creo. Algunas veces siento que tengo demasiado peso sobre mis hombros. No sé si eso es depresión, pero si uno quiere entretener a la gente pienso que tiene que mantenerse haciendo estas cosas. Hay muchos *impersonators*, pero ellos no están haciendo lo que Elvis hacía... Yo trato de hacer lo que Elvis hacía".

Por supuesto que él era diferente a todos los *impersonators*, pues incluso según confesó a instancias mías no coleccionaba memorabilia de Elvis, y sólo tenía en su casa unas quince fotografías suyas y ninguna otra cosa. La razón que me daba no era convincente: no tenía tiempo, siempre estaba viajando. Pero más sorprendente aún era el hecho de que no hubiese leido ningún libro sobre Elvis, salvo, *Is Elvis Alive?*:

"Y la única razón por lo que lo hice fue porque hay ahí muchas cosas interesantes. Muchas son verdad, pero otras no lo son para nada, como la cinta grabada con la supuesta voz de Elvis".

"Pero, ¿cómo usted piensa en general acerca del libro?

"Le diré una cosa: ella tenía que haber investigado bien esa grabación y cerciorarse de que áquel no era Elvis. Eso daña un poco su trabajo".

Veo que se cambia las gafas, y en ese breve intervalo le pregunto si es miope, pero me responde que ve muy bien de lejos. He terminado con las preguntas que había preparado para él esa noche y se lo digo. Entonces ocurre lo inesperado, le oigo decir, mientras me mira con fijeza:

"¿Quiere hacerme las otras preguntas?". No lo esperaba, así que me toma de sorpresa y me pongo nerviosa: "¿Las preguntas que había escrito para Elvis?", le digo. El mueve afirmativamente la cabeza, y yo vuelvo mis ojos al papel tratando de encontrar aquella primera:

(Han cambiado los papeles en el juego, pero no me cuesta trabajo imaginar que le estoy preguntando al propio Elvis)

"¿Por qué consintió usted en darme las sucesivas entrevistas

telefónicas?"
(En su papel de Elvis contesta muy en serio). "Porque realmente creí que usted iba a decir la verdad".
"¿Qué razón tenía usted para fingir su propia muerte?"
"Hay mucha gente envuelta en esa situacion. Realmente no me quedaba otra cosa que hacer". (Balbucea) "No, no quiero contestar esa pregunta".
"Está bien, ¿pero cómo hizo usted para aparecer muerto?" (Lo oigo balbucear de nuevo). "Bueno, voy a contestarle en tercera persona. Esa es una pregunta muy difícil de responder. Yo realmente creo que Elvis Presley no murió en 1977, en Memphis, Tennessee. Pero no está vivo hoy".
"¿Pero cómo usted sabe que no está vivo todavía?"
"Como usted sabe —y esta es una buena pregunta que usted puede responder por sí misma—, para que le dediquen un sello de correos tiene que tener diez años de muerto, ¿no es verdad? Ellos sacaron el sello en 1993, usted tiene que ir diez años atrás, al 1983. Me han dicho un par de gentes —pero no tengo forma de verificarlo— que él no murió hasta 1980, que murió de cáncer. Eso es lo que estas personas dicen, no lo sé. Y si hizo lo que hizo acerca de su muerte en 1977, fue porque su padre estaba tratando de venderle uno de los aviones a una persona que tenía conecciones con la mafia. Al día siguiente se iba a llevar el caso a la corte y se iba a dar a la publicidad todo el asunto..."
"¿Pero era realmente un muñeco de cera lo que había dentro del ataúd?"
"De acuerdo a cierta gente era un muñeco de cera y ya le dije que hay otros en Memphis que están tratando de hacer que se abra el caso de nuevo por la mala información que existe. En la autopsia se dice que murió de un ataque al corazón cosa que no es cierta. Elvis no murió de un ataque al corazón en 1977".
"¿Entonces a quién le hicieron la autopsia?"
"Ellos no hicieron una autopsia. Hay algunos documentos por los que la gente dice que mi escritura y la de Elvis se parecen. Algunos aseguran que los documentos de la autopsia fueron escritos por Elvis. ¿Ha oido usted eso? Si la escritura suya y la de los papeles esos es la misma, ¿va a hacerse él mismo la autopsia? No hubo autopsia".
El silogismo de Jon me había dejado aún más confusa, pero no le dije nada y continué preguntándole el cuestionario destinado a Elvis:
"¿Entonces usted se marchó al extranjero?"
"No".
"¿Está usted protegido por el gobierno?"

Elvis: la tumba sin sosiego

"No, yo soy Jon Burrows".
 (Resignada al juego de los malentendidos) "Sí, lo sé, pero recuerde que éste es el cuestionario de Elvis".
 "Sí. Elvis estuvo protegido por el gobierno desde...(Vacila un momento buscando en su mente la fecha exacta) 1960 hasta que murió".
 "¿Dónde usted vivió cuando dejó Graceland?"
 "Cuando Elvis dejó Graceland" (Puntualiza sin ironía. Entonces, muy despacio le oigo decir: "Hawaii". Lo piensa y aclara: "No. Eso es lo que Gail [Gail Brewer Giorgio] dice".
 Y luego puntualiza:
 "Dije Hawaii, pero no es verdad. Todo el mundo dice que él se mudó a Hawaii, pero él se mudó a una isla al sur de Hawaii. Hay seis islas en Hawaii, ésta no es la isla de Hawaii".
 (Mi pregunta ahora va dirigida a Jon Burrows)."¿Ha estado usted en Hawaii?"
 (Contesta rápidamente) "No". (Rectifica) "Oh, sí, lo siento. Estuve en 1964".
 (Vuelvo a las preguntas de Elvis)"¿Cómo ha sido su vida después de agosto 16 de 1977?"
 "Realmente pienso que ha sido llena de paz. Porque ha sido lo que él quería que fuera, y vio a la gente que quería ver, y vería a Lisa y a los dos bebés".
 "¿Y vio a Lisa y a los niños?", le pregunto asombrada.
 "Quizás..."
 "Pero, usted..."
 (Interrumpiéndome) "Sé lo que le he dicho. Creo que Elvis murió en 1980, pero usted me pregunta como Elvis, lo que él hubiera hecho..."
 "Pero, ¿cómo, si murió en 1980?" "Sí, tiene razón, eso dije. Eso pienso. No lo sé. Si usted me pregunta a mí eso como Elvis" —no quiero confundirla—, "pues supongo que eso es lo que haría Elvis".
 "¿Usted quiere que la gente sepa que está vivo?"
 "No" (dice rotundo). "Porque habría mucha gente que se pondría realmente muy preocupada si supiera que Elvis Presley está vivo. Porque ellos han estado lamentando durante dieciseis años la pérdida de uno de los más grandes *enterteiner* del mundo..."
 "Pero, ¿ha pensado alguna vez en la posibilidad de regresar?"
 "No".
 "Si usted pudiera regresar a entretener al público, ¿lo haría con su misma imágen, cambiaría su ropa, tendría nuevas canciones...?"
 "Si Elvis pudiera volver en los noventa, no tendría el pelo gris,

Elvis: la tumba sin sosiego

y sería como antes, algo así como Tom Jones..."
"¿Ha vivido usted en Kalamazoo o es la misma persona que aparece en el video *The Elvis Conspiracy*, que la gente dice haber visto en Alabama, en Ohio..."
"Elvis Presley nunca ha vivido en Kalamazoo. Pero Elvis ha vivido en Alabama..."
"¿Usted recuerda que en el video aparecía Elvis en Alabama y en otros sitios?"
"!Oh, no, eran otras personas!".
"¿Tiene usted nuevas canciones?"
"Hay gran cantidad de nuevas canciones de Elvis. Más contemporáneas, gran cantidad de música de *gospel*... Elvis sería más *"country"* ahora, como Garth Brooks, Kenny Rogers..."
"¿Ha pensado ser un predicador?
"La única cosa por lo que lo haría es porque mi vida ha cambiado y me gustaría que la gente viera el cambio y hacer mi propia decisión sobre mi propia vida, porque como *entertainer* uno separa al *entertainer* del otro, pero ser un predicador es distinto".
"¿Qué piensa usted que pasará cuando yo publique este libro?
"Pienso que quedará muy complacida. Me gusta mucho el título de su libro: *Elvis: La tumba sin sosiego* ".

Antes de mi viaje yo le había dicho a Bárbara que deseaba tomarle algunas fotos a Jon, y que esperaba en especial fotografiarme con él. Lo consultó y él aceptó, con la condición de que fuese ella quien tomase las fotografías. De modo que esa noche, Bárbara sirvió de fotógrafo y nos hizo varias fotos juntos. Ya a la hora de despedirse, ella también me sugirió que los acompañara hasta la salida y volvió a retratarnos, esta vez sentados en una mesa que daba a la piscina bajo techo del motel. Eran fotos, me aclaró Jon, para mi uso personal, pero él no deseaba que aparecieran en el libro.

Puedo recrear los últimos minutos de aquella noche contemplando a Jon Burrows sentado en actitud relajada y serena, mirando al espacio infinito de la cámara. Tiene rostro de mucha-

Elvis: la tumba sin sosiego

cho moreno, con el pelo ahora ligeramente crespo sobre la frente, los ojos entre avellanados y grises. Viéndolo así, sentado junto a mí, me pregunto cómo es posible que detrás de aquel rostro, con algo de gitano, se esconda algún especial misterio.

De hecho debe haberlo, me digo, sin conseguir saber en qué consistiría realmente, dado que su personalidad misma es desconcertante.

Los veo partir en un Cadillac negro de nueva factura y me sobrecoge la idea misma de la soledad que he notado en ese hombre, de modo que regreso a mi habitación más confusa que antes, incapaz de describir con certeza quién sea Jon Burrows.

DALLAS: UN SEGUNDO ENCUENTRO

Es temprano en la mañana, acabo de hablar por teléfono a mi casa en New Jersey y aunque he dormido ocho horas estoy más bien deprimida. Las penumbras de la habitación parecerían acrecentar mi desconcierto. No es posible, me digo, haber viajado más de dos mil millas para llegar a la conclusión de que ahora sé menos de Jon Burrows que antes. Decido abandonar la cama y darme un baño. ¿Pero ahora qué?, me pregunto con insistencia a mi misma. Ahora tengo que afrontar mi propia derrota, mi incapacidad de raciocinio. Siempre me he echado en cara esa suerte de vicio de carácter que me impide aceptar la realidad, cualquiera que ésta sea, buena o mala. Porque tengo la manía de inventármela, de convencerme a mí misma de que me asiste la razón; que ese cristal tras el que lo miro todo es objetivo, lógico, razonable. Pero la mayoría de las veces no es así. Quizás ahora sea ésta la causa de mi desconsuelo. Si por lo menos intuyera la verdad, en uno u otro caso, sabría a qué atenerme, pero no encuentro justa la incertidumbre que me avasalla.

De pronto, sin embargo, sin que pueda saber muy bien cómo ha sucedido, veo aparecer de nuevo ante mí a Jon Burrows. Entra por la puerta de la habitación y percibo ahora, consciente por primera vez de este detalle, ese suave movimiento suyo con que avanza: cabeza y hombros agitados al unísono en un extremecimiento rítmico que lo acerca hasta mí. Reconozco esa imperceptible vibración de su cuerpo: la he visto en un documental en que Elvis aparece subiendo al autobús que en 1958 lo llevaría a la Base de Texas, a donde lo han destinado provisionalmente durante su estancia en el Ejército. Es la misma de muchas otras ocasiones, como cuando hace su entrada también en la academia de karate de Kang Rhee. Yo diría que es un

Elvis: la tumba sin sosiego

movimiento muy peculiar de Elvis para "anunciar" su llegada o su salida. Algo que quizás sólo capto yo con mi intuición.

Vuelvo al recuerdo de la noche anterior y me detengo en ese momento: Jon avanza una y otra vez con su rítmico movimiento casi imperceptible, que sólo dura un instante, pero que es posible detectar si se han visto en miles de ocasiones —como yo— las cintas de videos de Elvis. Y de nuevo lo oigo repetir, con aquel acento algo teatral: "Lo siento, no soy Elvis Presley", mientras que su cuerpo parecería estar gritando otra cosa.

Pero es sólo una ráfaga, como si alguien hubiese dado marcha atrás a una película sobre Jon Burrows, para hacerlo desaparecer enseguida frente a mí; mientras batallo todavía con alguna parte recóndita de mi mente tratando de grabar ese instante mágico, esa chispa de lucidez con que, desde alguna parte remota del cerebro o del corazón, algún espíritu de luz ha querido devolverme la fe en los milagros.

En el aeropuerto de Dallas-Fort Worth, en donde estoy citada desde una semana antes con Rima de Vallbona, una estupenda escritora costarricense que vive en Houston, paso el resto del día. Nos sentamos en uno de esos cafés impersonales de los aeropuertos y hablamos de literatura, de su vida. Ella está de paso hacia San Diego y es la primera vez que nos encontramos personalmente.

De apariencia delicada, con sonrisa dulce y ojos donde a ratos aparece una chispa de doloroso recuerdo, a petición mía, me cuenta su vida. Disfruto oyéndola y gracias a ella, con su converíación entusiasta, logro poner un poco de orden en mi cabeza. Ella es la estampa de cierta victoria personal y este encuentro nuestro en un gigantesco aeropuerto de Texas, hablando nuestro propio idioma, tiene la virtud de sosegar la ansiedad que se ha apoderado de mí.

No le digo exactamente qué hago en un sitio cómo éste, porque sería casi ridículo explicarle a mi amiga que he venido a entrevistarme con un ser enigmático que algunos suponen sea Elvis Presley. No es que no vaya a entenderme con su sensibilidad de mujer intelectual y de escritora más bien de corte feminista, es que no quiero tocar un tema que me privaría de su converíación, porque sé que entonces la que hablaría todo el tiempo sería yo.

Además, ella no podrá ayudarme, aunque quisiese, a desenredar esta madeja, así que cuando me pregunta le digo alguna vaguedad admisible relacionada con un trabajo periodístico. Cuando nos despedimos y hago el camino de regreso a Fort Worth, estoy más sosegada. Por lo menos he logrado vencer durante unas horas la sensación de sentirme flotando en un mar de vaguedades. La ciudad se hace de pronto visible desde su parte más alta, en la que asoman los edificios del centro.

Es extraño, casi irracional, pero esta vista de Fort Worth me recuerda alguna de la Toledo española pintada por el Greco; y lo que resulta aún más extraño es que tengo la impresión de regresar a un lugar conocido desde mucho antes, como si ésta también fuese desde siempre mi ciudad.

El sol ha comenzado a descender sobre Fort Worth, hay una claridad de hielo, un vaho misterioso que lo cubre todo con sus rayos en retroceso. Ocurre siempre en las ciudades de sol, calcinadas por la intensidad.

A la noche, me tiendo en la cama y sueño con Bárbara. La oigo trasmitirme un mensaje, más bien se trata de algún consejo personal, pero no logro recordar luego cuál.

En fin, un sueño absurdo que no consigue reponerme.

Los amaneceres en Fort Worth ya han adquirido para mí un raro encanto. Me despierto al alba para ver salir el sol. Debe ser la nostalgia por los trópicos que a veces me invade, lo que me atrae a la ventana que da al estacionamiento del motel, en la solemnidad de esas primeras horas del día, mientras todos duermen, y yo intento reconstruir una a una las vidas de los propietarios de esos automóviles.

En realidad, aquello se convierte en un intento de reflexión inevitable sobre lo que va a pasar después, si podré encontrarme de nuevo con Jon Burrows. No va a ser fácil, me digo, aunque haya prometido volverme a ver antes de mi partida, pues sé por

Elvis: la tumba sin sosiego

Bárbara que está aprovechando al máximo sus "vacaciones" para hacer ciertas grabaciones que requieren mucho esfuerzo y largas horas de trabajo.

Al fin, ya avanzada la mañana, suena el teléfono; es Bárbara con una invitación. Jon quiere saber si puede encontrarse conmigo hoy —o bien de nuevo en la habitación del hotel o si prefiero que salgamos a cenar. Le respondo que me da lo mismo, pero finalmente quedamos en vernos a las siete y media, cuando ellos pasarán por nosotros.

Cancelo a toda prisa mis otros planes y me voy con mi hijo al pequeño museo dedicado a la obra de Frederick Remington y Charles M. Russell, donde asoma un Oeste primitivo y fiero, al que la gracia en especial del primero, su técnica de infringirle movimiento a la línea y el color, añaden pasión a la monotonía del tema. Sin duda, la ciudad adecuada para un museo de esta naturaleza es Fort Worth, donde nada parecería más importante que la cultura de los *cowboys*, y la gente lleva con orgullo sombreros y botas rancheras, aunque en realidad los únicos caballos a la vista son los del carruaje en que se pasean los turistas por el centro comercial. Lo demás es pura imaginación de sus ciudadanos.

A las siete y media Bárbara aparece de nuevo ante mi puerta, seguida de Jon. Esta vez él va vestido de negro con una hermosa chaqueta púrpura que armoniza estupéndamente con el color bronceado de su piel y la cabellera negra. No muchos podrían usar esta combinaclión de colores sin escandalizar, pero en Jon Burrows la armonía se logra con esos toques raros que lo hacen ser lo que es: un artista de sí mismo. Como Elvis, este modo de vestir constituye ya su segunda piel.

Supongo que cuando atravesamos el *lobby*, la encargada del registro de huéspedes no ha dejado de echarle una ojeada curiosa a ese ser llamativo, que desde la cabeza a los pies, le debe recordar al propio Elvis Presley.

Una visita obligada en Fort Worth son los Stockyards, que Jon nos muestra desde el automóvil. Me ha pedido que me siente a su lado, luego de ofrecer disculpas porque el aire acondicionado del auto no funciona bien. Por fortuna no hay un calor agobiante, y además Jon ha abierto la ventanilla del techo del Cadillac.

Cuando enfilamos por la carretera que lleva a Dallas, por primera vez en mi vida siento una extraña seníación, la de que he perdido el habla. No puedo atribuírselo al estupor ni a ningún ataque de pánico, supongo que hubiera podido estar así el resto del viaje o el resto de mi vida, pero no me alarmo. Nunca me he sentido más segura al lado de un conductor como áquel, que a pesar de sobrepasar fácilmente el límite del milenaje permitido, me imparte esa sensación de extraña seguridad nunca imaginada por mí. Jon maneja como si la carretera le perteneciese a él sólo; consciente de esto, desde el primer momento no vaciló en bromear sobre su forma de conducir.

Algunos de esos libros "raros" que suelo leer hablan de este estado "catatónico" que sufre alguna gente en momentos muy contados de su vida. La sensación podría ser definida en términos dimensionales: estoy y no estoy allí, al lado de aquel hombre enigmático que no sé realmente quién sea. He cruzado las fronteras de tiempo y espacio, como un corredor de distancias largas que de pronto se encontrase no en la pista, sino en un paisaje que le resulta familiar aunque irreconocible a un tiempo.

Estoy y no estoy sentada junto a aquel hombre que va mostrando, a lo largo de la carretera nueva y luminosa en aquella tarde de finales de mayo, las novedades del camino: el stadium de los Texas Cowboys, el de pelota, el parque de diversiones, el museo de cera...

No sé si ha sido mucho antes cuando le he oido decir: "No está muy habladora". ¿Cuánto hace que no despego los labios? Seguramente siglos, cuando mi silencio ha sido tan perturbante para él. Entonces, al pasar frente al museo de cera recupero el habla: "Se quemó hace algún tiempo... Habia una figura de Elvis, y ahora han encargado otra...", responde cuando le pregunto si no hay un Elvis.

Como ha pasado la hora en que la gente regresa a casa, la carretera se muestra en su mejor momento. El sol texano está aún languideciendo en el paisaje y flotan las nubes azules sobre la tarde que anochece lenta. Nos acercamos a Dallas y a pesar de que sus rascacielos podrían ser los de cualquier otra ciudad norteamericana, disfruto la visión de ésta, contemplada ahora fuera de contexto. La comparo mentalmente con la angustiosa entrada a New York desde cualquier punto de New Jersey y me regocija saber que los habitantes de acá no sufren la agonía citadina de la Gran Manzana; que el cielo sea claro, limpio, que no haya claustrofóbicos y viejos y carcomidos túneles que atravesar.

Me gusta Dallas, su modernidad, su paisaje próspero. Pero Jon insiste en que a él sólo le gusta Fort Worth.

Elvis: la tumba sin sosiego

La placidez de un jueves en la noche en Dallas es fácil de describir. Ciudad que vibra a las horas soleadas, en el mundo de los negocios, de las transacciones financieras, no es, sin embargo, un lugar al margen de cierta sofisticación, la que imponen con su presencia los *yuppies*, como en cualquier sitio donde prosperen los negocios, y la gente que suele sentarse en los cafés al aire libre y conversar sin prisa. Pero también se nota que, para ciertos empresarios y comerciantes, Dallas es una ciudad de paso; de aquí saltan al este o al oeste como si ésta fuese una parada obligada en medio del camino.

Estamos a las puerta del Hard Rock Café, el mismo sitio donde en 1988 Jon Burrows presentase su *show* "El Espíritu de Elvis", y un bastión de la cultura *rock*, con ramificaciones en California y New York.

El parqueador de autos trata quizás de disimular su asombro ante aquel hombre que ahora le entrega las llaves del auto, pero acostumbrado quizás a recibir alguna que otra noche a celebridades que acuden al café, no dice nada, y subimos las escaleras que conducen a la entrada principal.

Percibo entonces una especie de conmoción silenciosa, cuando todas las miradas se dirigen a un tiempo al recien llegado, y los comensales que llenan el sitio a esa primera hora de la noche se mueven inquietos en sus asientos ante la presencia magnetizante de ese hombre que sin dudas les recuerda a Elvis Presley.

Elvis: la tumba sin sosiego

Cuando subimos la amplia y hermosa escalera que conduce al piso superior, tengo la impresión de que la gente continúa aún paralizada, que han dejado a un lado sus actividades para preguntarse unos a otros si no estarán siendo víctimas de alguna alucinación momentánea.

Pero Jon, que parece acostumbrado a soportar impasible las miradas de los curiosos, se dedica a enseñarnos la decoración del café, en la que por supuesto el énfasis principal está puesto en los recuerdos de Elvis. Hay fotos, recortes enmarcados de periódicos de la época, alusiones a etapas importantes en el desarrollo del Rock and Roll. Presidiendo la balaustrada del primer piso — que como en los teatros sólo se encima sobre la mitad de la planta baja—, cuelga sobre el balcón la guitarra que Elvis utilizó en su famoso regreso de 1968. El propio Jon me lo explica y a sugerencias suyas me inclino sobre la balaustrada para contemplar la hermosura de aquella pieza de museo. ¿Es roja o me la imaginé roja? No importa, siempre me conmueven los objetos que han sido tocados por la gente que amo y respeto.

Frente a un dibujo a color de un Elvis estilizado, Bárbara nos toma a Jon y a mí una foto. La luz intensa de la camara hace que yo no pueda evitar entrecerrar un ojo, y sólo despúes descubro que la magia de la fotografía ha hecho posible el pequeñito milagro de crear una estrella luminosa sobre el dibujo de Elvis y de algún modo uno de sus rayos parece tocarme también a mí. Jon aparece sonriente a mi lado, mientras Elvis, a mí espalda, preside con su presencia mágica la noche.

Damos un amplio recorrido por el lugar; nos detenemos en sus múltlipes rincones: frente a un traje gris que usó John Lennon, o junto al piano blanco de Elton John. Para entonces, todas las miradas no han dejado de seguirnos —mejor dicho, siguen a Jon—, y hay niños que se levantan a besarlo, mujeres que le sonríen y saludan desde sus mesas.

Cuando bajamos de nuevo las escaleras principales que dan a la calle, descubro que, por un instante, Jon ha desaparecido, para reaparecer enseguida en lo alto de la escalera, junto a una muchacha que ha querido tomarse una fotografia con él.

Ya en la calle, aún frente al café, de pronto, hace su aparición un grupo de niñas y niños, que no se sabe de dónde han salido, y se arremolinan inquietos y curiosos alrededor de Jon. Una mujer joven que parece estar a cargo de ellos, le pide permiso para tomarle una foto con los niños.

Yo aprovecho también la ocasión y tomo otra. Quiero preservar ese momento único en que este grupo de niños, cuya edades no sobrepasan a lo sumo los once años, han mirado a Jon con ojos

Elvis: la tumba sin sosiego

de descubrimiento. ¿Qué les ha provocado esta conducta? ¿Cómo han podido asociar a este hombre, que no va vestido de Elvis, con la imagen del cantante? En especial me llama la atención el que sientan un gran afecto por un mito en el que todavía no han tenido tiempo de nutrirse. Porque suponiendo que Jon despertase la curiosidad de los padres de estos niños, ¿cómo explicar el hecho de que seres tan pequeños puedan leer en el rostro de un desconocido la imagen de alguien a quien ni siquiera conocen de segunda mano?

Presto mucha atención a este detalle, a este "descubrimiento" de los niños. Se dice que ellos —como algunos animales— tienen una especial capacidad de intuir cosas; de recibir mejor que los adultos las vibraciones que emiten ciertos fenómenos que parecen ocultos a los ojos de los demás. No pude entonces menos que pensar en la parábola de Jesús y los niños; en esa capacidad de "ver" con el sexto sentido que genera la inocencia, al no estar contaminada con las creencias y juicios de los demás. Quizás por eso se muestran como receptores formidables ante ciertos hechos, como éste de la presencia de Jon, al que no han vacilado en asociar con Elvis.

Vuelve a funcionar la cámara y ahora Jon y yo estamos de nuevo frente a la puerta del Hard Rock Café, detenidos en la noche espléndida de Dallas. Una guitarra plateada, junto al pasamos de la escalera principal, marca con su presencia simbólica la inusitada y mágica conflagración de ese instante, ahora eterno, gracias al poder de la fotografía.

Para entonces había caido la noche y terminamos en un café cuyo plato fuerte son las ensaladas, tan populares en Texas, donde todos los aspectos de la vida tienen una dimensión distinta, porque los texanos no parecen conocer los términos medios. De modo que un vaso con agua es casi una jarra de agua; un *sandwich*, una cena para atravesar a pie el desierto y una ensalada, un plato fuerte. Los texanos —dicen los que los quieren bien— se

Elvis: la tumba sin sosiego

hacen millonarios no en diez años, sino en dos, quizás porque tienen esa mentalidad de pensar en grande. Ese tremendismo que exhiben junto con una cordialidad a toda prueba tiene mucho que ver con sus vecinos del norte, los mexicanos, y mucho también con la cultura de la resistencia, de la vida dura y áspera de los *cowboy*. Quiéranlo o no, sin embargo, los mexicanos que no han abandonado Texas o los que llegan todos los días cruzando la frontera, han ido de algún modo "recuperando terreno" con sus costumbres y patrones culturales. Esto es notorio en los hábitos alimenticios y en especial en el uso de los picantes.

De modo que aquella noche comprobé también que Jon es un hábido consumidor de estos, a pesar de lo que diga, pues comió gran cantidad de tortillas secas, mojadas en salsa, luego tomó un plato de sopa de lentejas muy picante y una de esas gigantescas ensaladas.

Por mi parte, nada aficionada al picante, apenas si pude terminar mi plato de sopa, aunque en realidad yo no sentía ninguna necesidad de comer aquella noche. Prefería observar lo que pasaba a mi alrededor, pues la actividad misma de comer me hubiera obligado a concentrarme en mí misma. Cenar en grupo y hablar no es una de esas cosas que me den mucho placer. Había observado cómo Jon, antes de comenzar a tomar su plato de sopa, le pedía a Bárbara que rezaran. Fue sólo un murmullo de acción de gracias por los alimentos, que me tomó por sorpresa. En realidad, desde la infancia supe siempre que la hora de la cena era sagrada, que debíamos comportarnos cada día como si se tratase de un banquete solemne, que no podíamos renegar ni rechazar ningún alimento por mucho que nos disgustase. Recordé, en esa fracción de segundo, la tortura que significaba cada día sentarme a la mesa familiar, precisamente en el sitio que quedaba frente a mi severo padre.

En nuestra mesa no había rezos, pues mi padre era lo que se dice un ateo, pero comer constituía una actividad "sagrada", y pobre del que se atreviera a alzar la voz o a protestar por algo.

Recordé también las veces en que vi a Elvis con la cabeza inclinada antes de comenzar un concierto, pronunciando alguna oración, y me conmovió este Jon capaz de hacer lo mismo en presencia de extraños. Desde nuestra primera entrevista telefónica me había dicho que rezaba todos los días asíque no debía sorprenderme el que, agradecido, lo hiciese ante la presencia de los alimentos. Su acción lo comunicaba con Dios del mismo modo en que se dice que lo hacemos cada vez que expresamos un deseo, ya sea a través de la mente o la palabra.

Sentados allí, con la música de los altoparlantes y la atmósfera

Elvis: la tumba sin sosiego

relajada del lugar, me permitió hacer algunas conclusiones. Por ejemplo, noté que Jon se abstraía en la actividad misma de comer, aunque no dejaba de estar pendiente de la música que tocaban por el altoparlante. Es decir, que tenía el oído muy aguzado y la música era lo único que parecía arrancarlo brevemente de su concentración. Fue quizás por pura casualidad que la voz de Elvis nos llegó también por esos altoparlantes y el primero en advertirlo fue Jon, a pesar de que la canción se confundía con las conversaciones y murmullos que producían los otros comensales. Y en otra ocasión, cuando le tocó el turno a Willie Nelson, fue también el propio Jon quien me dijo, no sin cierta ironía, "Ahí está el Willie Nelson que a usted le gusta tanto". Se refería a un breve intercambio de preferencias sobre nuestros respectivos gustos musicales, que habíamos hecho durante el viaje, en el que de paso, pero sin mucho entusisasmo, yo me haba referido a Nelson. Pero a Jon ne le faltaba razón ahora, aquello que salía por el altavoz era infame, aunque sigo pensando que hay otras cosas suyas que me gustan, o quizás sea su voz como de disco rayado.

Jon decía ser un entusiasta admirador de Bette Midler, pero le disgustaba Barbra Streisand. En cambio, decía disfrutar con algunas cosas de Manhatan Transfer, y cuando le hablé de Tina Turner como una de mis preferidas, asintió entusiasmado, aunque entonces no dijo nada sobre John Bon Jovi, a quien me referí con interés, en especial sobre una canción.

Terminada la cena, Jon sugirió que si yo quería hacerle algunas otras preguntas que habían quedado pendientes, buscásemos un lugar más adecuado, más apacible, que no estuviese rodeado de gentes. Optamos por quedarnos en un sitio de afuera, casi en penumbras, pero solitario, que durante el día utilizaban los que querían disfrutar de los placeres del aire libre.

A pesar de que la música de los altoparlantes llegaba también hasta allí, fue una suerte que nos dejasen conversar amenizados ahora por hermosas melodías de la música *country* y la de los sesenta. Había traido ahora una de mis pequeñas grabadoras y comprobé que ésta podía realizar su trabajo sin que la afectase el "fondo musical".

Ahora más relajado y casi feliz de estar sentado allí, en una noche espléndida de mayo, con el cielo hermoso de Dallas sobre su cabeza, Jon contestaba a mi preguntas con esa misma nota de frescura que yo observaba a mi alrededor. La tensión del primer encuentro había desaparecido del todo y cada uno podía hacerse una mejor idea del otro. Jon sabía ya que no estaba tratando con "una enemiga", con una de esas mujeres que a toda costa pretenden descubrir a Elvis debajo de cada piedra. Pues aunque yo

Elvis: la tumba sin sosiego

no descartaba la posibilidad de que él fuese "el otro", lo que más me interesaba no era descifrar la personalidad de "este Elvis", sino la escondida de Jon Burrows. De ser ambos una sóla persona, no lo serían nunca para mí —por muy extraña que parezca la cosa—, pues considero que al asumir otra personalidad se abandona en cierta medida la antigua, para dar paso a un "nuevo" ser humano. En el caso de Jon era entendible que su transformación hubiese sido completa, en el plano físico y espiritual. No sólo se haba convertido totalmente a la fe de los primeros cristianos, sino también sometido en 1979 —por razones todavía no claras para mí — a una cirugía plástica. Esto lo hacía "otra persona", ajena a su naturaleza original, porque el alma había hecho un largo y penitente viaje de regreso a su verdadero Yo. ¿Qué quedaba pues del otro, del original? Quizás los ojos. Esos ojos azules que a ratos se hacían avellanados y que parecían mirar con tristeza desde el fondo de un abismo.

Las preguntas que tenía para esta noche las había escrito a toda prisa minutos antes de que Jon y Bárbara viniesen por nosotros. En realidad hubiera podido estar un mes indagando sobre su vida y los misterios que lo rodeaban. Pero había decidido no presionarlo, ni que se sintiera incómodo, aunque ése no fuese el estilo que vemos a diario en la televisión cuando una periodista logra que un personaje importante se deje entrevistar.

Me parecía de mal gusto aprovecharme de las circunstancias para ponerlo en un aprieto, porque si bien es cierto que yo no sabía quién era Jon Burrows, me bastaba utilizar ese sexto sentido que todos poseemos para saber qué tipo de persona tenía frente a mí. La corriente de energía que yo había estado recibiendo de Jon Burrows —desde la primera vez que hice contacto con él por teléfono— emitía claros mensajes de su personalidad: un hombre bueno, lleno de nobleza, un solitario, un ser espiritual en extremo, con una carga de sufrimiento muy grande, con un pasado lleno de interrogantes, a quien la tristeza, la depresión y las circunstancias actuales que conformaban su vida parecían mantenerlo sumido en un pozo de confusión. Sabía que no estaba mintiendo, que era sincero incluso cuando "no decía la verdad". La propia Bárbara me había dicho días después de mi primera entrevista teléfonica con Jon: "El no te miente, él trata de darle vueltas a su verdad".

Por esos chispazos de energía que me llegaban de su voz sabía que había sido un hombre acostumbrado al poder, que no

Elvis: la tumba sin sosiego

era un hombre de carácter débil, aunque fuese un ser del que irradiaba también una especial ternura, como ésa que Elvis trasmite con su voz cuando canta "Love Me Tender".

Viéndolo allí aquella noche, sentado frente a mí como un hombre que viviese una vida normal, me di cuenta de que Jon Burrows no tenía muchas oportunidades como aquélla y que por eso quizás irradiaba ahora cierta especial felicidad. Por eso un poco en juego, y para restarle solemnidad a este nuevo "interrogatorio", le dije sonriendo: "Vamos a jugar a Elvis".

"Pero si usted no tiene patillas", me contestó jocoso.

Se había roto el hielo y yo aproveché para continuar.

"¿De acuerdo a usted Elvis está vivo hoy día?"

Su respuesta fue rápida y enérgica: "No."

"Pero usted me dijo que él había visto a sus nietos".

"Bueno, cuando yo dije eso, usted me estaba preguntando —recuérdelo— como si yo fuera Elvis, por tanto lo único que hice fue pensar que eso es lo que él hubiera hecho de estar vivo: visitar a Lisa Marie y a sus nietos. No quiero que usted se confunda".

"No, no se preocupe, entiendo". Dije resignada y continué: "Pero, dígame ¿ha grabado nuevas canciones?".

"No. No puedo. Cada vez que trato de cantar nuevas canciones la gente no las quiere, porque si la gente viene a los conciertos a oir las canciones que Elvis cantaba, no puedo darles nuevas canciones de 1990, alguna canción de Garth Brooks o algo más, porque no las quieren. Porque no son de Elvis. La gente recuerda las canciones suyas y no acepta otras."

"¿Ha probado usted en alguna ocasión?".

"Quizás alguna vez, que yo recuerde. He olvidado el nombre de la canción, hace mucho tiempo de eso".

"Pero, ¿canta algunas otras canciones, para usted mismo, por ejemplo?".

"¿En el estudio? Bueno, cosas que no van a ser grabadas".

Hago un alto para preguntarle por su casa de Ohio. Me aclara que vive en un pueblo pequeño, al sur, cerca de la frontera con Kentucky. Parece perderse con mis precisiones y finalmente me confiesa que no recuerda con exactitud el nombre del pueblo más cercano de Kentucky. No me extraña, pues está en constante movimiento, de un sitio a otro, y pasa largas horas fuera de su casa. Vuelvo a recordar sus palabras de la otra noche: "A veces me despierto a las tres de la madrugada en la cama de un hotel y me pregunto extrañado dónde estoy?"

Vuelvo a mis preguntas: "Cuántas gentes sabrían entonces que Elvis estaba vivo en 1977?"

"Yo diría que no más de diez personas".

Elvis: la tumba sin sosiego

"¿Incluidas algunos familiares, Priscilla, su primo Bill Smith o quiénes otros?"

"No, la única persona que él contactó entonces, hasta donde yo sé, fue su padre (utiliza la palabra *daddy*), Vernon, hasta que Vernon murió en 1979."

"¿No sabía Priscilla nada de esto?"

"Realmente no sé si lo sabía o no. Nadie le ha preguntado a Priscilla si Elvis murió, y nadie le pregunta. Y tampoco nadie le pregunta en público eso a Lisa Marie. Usted no puede encontrar ninguna grabación de ellas en que se diga algo así. ¿No le parece inusual que nadie pregunte? Y como dice Gail Brewer Giorgio en su libro, nadie ha cobrado el seguro de vida de Elvis ni los beneficios del Seguro Social".

"¿Cómo usted se definiría a sí mismo: ¿un ser humano muy práctico, o muy romántico en todos los sentidos de la palabra?"

"¿Práctico? Soy muy tímido, muy cortado ante la gente; no sé nunca lo que pasa a mis espaldas, pero tengo que ser cortés con los que se me acercan, tengo que estar agradecido a ellos, aunque le repito que soy muy tímido."

"¿Ve a su hija con frecuencia?."

"No la he visto desde hace mucho tiempo. Quizás en 1992, creo que en noviembre de 1992."

"¿Qué edad tiene ella?"

Recurre a Bárbara para estar seguro: "Tiene veinticinco años. Ella se parece a su madre".

"¿Se lleva usted bien con su ex-esposa?"

Se ríe con gusto: "No, no. Ella cree que estoy loco".

"Pero usted es un ser pacífico, ¿no?"

"Cada vez que trato de llamarla por teléfono tengo problemas con ella. Discutimos..."

"¿Y su hija está casada?".

"Sí".

"¿Y tiene hijos".

"Sí".

"¿Cuál es la talla de sus botas?", le pregunto por pura curiosidad, al fijarme que, como Elvis, usa siempre este tipo de calzado.

"Diez y medio. Me gustan estas botas..." (Y estira la pierna para mostrarme complacido la bota).

"¿Practicó alguna vez karate?"

"Desde hace mucho tiempo..., Rudy — ¿usted sabe?, él trabaja para mí—trata de que yo lo haga,pero yo no quiero, puedo herirme. No quiero herirme la nuca. El karate de Elvis sí es bueno, él mío, no."

Elvis: la tumba sin sosiego

Sabía de antemano, con sólo mirarlo, que Jon tenía la misma estatura de Elvis, pero quise confirmarlo.
"Cuando estoy parado derecho mido seis pies".

Mis preguntas cambiaban de tema, iban de uno a otro no porque me propusiera sorprenderlo, sino porque en ese orden se me habían ido ocurriendo cuando las escribí a toda prisa esa noche. Así que cuando a continuación le pregunté cuántos Presley conocía, repitió en voz alta aquel apellido, se demoró en responder y luego con cierto tono solemne, espectó aquel "Uno", como si estuviese respondiendo ante un tribunal por un crimen que los demás, no él, hubiesen cometido y en ello le fuese la vida. Pero yo hubiera podido traducir muy bien aquel "Uno", como "Uno: a mí mismo", y no pude dejar de reirme. El no se inmutó, me aclaró por el contrario que conocía a un primo, no se trataba de Billy Smith, dijo, sino de otro, cuyo nombre no recordaba, y con el que se había tomado una foto en cierta ocasión.

De pronto, Willie Nelson comenzó a cantar de nuevo. Esta vez "Blue Eyes Crying in the Rain", y Jon no sólo no perdió tiempo en llamarme la atención sobre el hecho, sino en darme el título de la canción, que yo conocía muy bien porque era la misma que cantaba Elvis y que, de acuerdo a Nancy Roots, su ama de llaves, le oyó al amanecer de aquel terrible 16 de agosto de 1977. Cantada por Willie Nelson o Elvis seguía siendo de todos modos una hermosa canción; pero volvía a sorprenderme esa capacidad de Jon para percibir la música, por muy baja y apagada que le llegase.

Siendo Jon un hombre que seguía al pie de la letra los dictados de la Biblia, que había encontrado en la palabra de Dios un sentido trascendental de vida, quise saber su opinión sobre temas que, debido a su "modernidad", no habían sido tocados en ese libro sagrado. Mi pregunta sobre el aborto encontró en él respuesta clara y precisa:
"No creo en el aborto. Porque cuando una mujer concibe, desde ese primer momento, creo que el bebé es ya un ser humano, realmente que comete un crimen contra el bebé".

"¿Y qué piensa del suicidio?".
Tampoco vaciló en comentar: "El suicidio es un asesinato. Porque si usted se mata, usted se está asesinando a sí mismo. Si alguien comete un suicidio lo comete contra Dios y el asesinato está condenado en los Mandamientos. Matarse a sí mismo es asesinarse a uno mismo. Y no es un problema de lo que el hombre piense, nosotros tenemos que vivir de acuerdo a las reglas de Dios, y Dios está contra el asesinato".

"¿Está en contra de la pena de muerte también?"

"En la Biblia, si alguien va contra las reglas y si alguien comete un asesinato, de acuerdo al Antiguo Testamento, debe ser condenado a morir. Yo creo que si alguien atentó intencionalmente contra la vida de otra persona debe ser sentenciado a muerte. Pero en caso de un accidente, como cuando alguien muere debido a un descuido, no debe ser considerada la pena de muerte".

Entonces él, mirándome fíjamente, quiere saber qué pienso al respecto. Le contesto que estoy de acuerdo con él en lo del aborto, pero que no soy partidaria de la pena de muerte. Eso nos lleva a hablar del odio, sobre el que Jon también se muestra tal cual es, un seguidor de la Biblia:

"Sinceramente no odio a nadie, y no creo que nadie deba odiar a nadie. Por supuesto, hay cantidad de gente con la que no estoy de acuerdo en esta vida, como los homosexuales, por ejemplo; no los odio, pero no me gusta lo que hacen. Para Dios todos somos iguales, él odia el pecado, pero ama a las personas. Y eso es lo que trato de hacer, no me gusta buscar lo malo en la gente y si alguien hace algo muy malo, no lo odio, odio lo que hace. Y si usted da amor y la gente lo recibe, puede que la gente entienda que están haciendo algo malo".

"¿Piensa que si da amor recibirá amor de vuelta?"

"Si usted es honesto y da amor, creo que todo eso volverá a usted en la misma forma".

No dejaba nunca de hablar con convicción, con una sinceridad en la que se sentía seguro, sin importarle parecer anticuado a los ojos de los demás, o que sus respuestas no estuvieran a tono con la personalidad de un artista.

Por eso insistí, quería indagar más sobre sus creencias religiosas, sobre todo porque desconocía mucho acerca de los llamados "born again Christians". Jon me había dicho en nuestras primeras conversaciones telefónicas que muchos años atrás había estado interesado en las religiones orientales y sus manifestaciones, conocidas hoy como la "New Age", así que quise puntualizar aquí su nuevo pensamiento cristiano.

"¿Tiene alguna idea en especial sobre la Virgen María?"

Elvis: la tumba sin sosiego

"Bueno, supongo que se refiere a la madre de Jesús. Ella fue una muchacha escogida por Dios, para que tuviera aquel único hijo, que fue Jesús. Concibió gracias al Espritu Santo y no fue tocada por ningún hombre, hasta después del nacimiento de Jesús".

"¿Cree usted en la denominación de santos como la entienden los católicos, por ejemplo?"

"EL calificativo de santos no fue dando por Dios, sino por los hombres, por la gente. Ellos fueron grandes maestros de las enseñanzas de Jesús. Pero sólo Pablo fue escogido por Dios".

"¿Ha sido bautizado?"

"Sí, con agua y por el Espíritu Santo".

"¿Cuál cree usted que sería el mayor error que cometiesen un hombre o una mujer?"

"No aceptar a Jesucristo como su salvador y no vivir una verdadera vida cristiana, como querría Jesús".

"¿Existe una moral distinta para juzgar a los hombres y a las mujeres?"

"No, no hay diferencia entre hombres y mujeres. Dios juzga a ambos sexos por igual".

"¿Qué piensa de la planificación familiar?"

"Sí, la creo necesaria, pero como le dije antes, no el aborto, porque eso es un asesinato".

"¿Cree usted en los valores familiares?"

"Por supuesto. Es un pecado vivir juntos sin estar casados, así lo dice la Biblia. Estoy en contra de las relaciones premaritales, y sólo creo en el divorcio en ciertas situaciones. Todas mis respuestas —apuntó muy serio— vienen de la Biblia y siento no poder citarle ahora verso y escritura..."

La música de los altavoces seguía siendo mi aliada, porque le restaba trascendencia a las preguntas más inquietantes, como ésa que le hice sobre los lugares donde había vivido antes de venir a residir a Fort Worth.
"Viví en Arkansas seis o siete meses y en Oklahoma, alrededor de un mes, y después, en el sur de California durante muchos, muchos años".
"¿En qué pueblos de California?".
"Riverside, San Bernardino y en San Francisco por un tiempo muy breve".
"¿Le gusta San Francisco?".
Me responde con uno de sus enérgicos "No". Pero realmente me gusta Texas, me gusta mucho Fort Worth".
"¿Donde presentó su primer *show*,"Tributo a Elvis"?"
Hice el *show* en California, un par de ellos en Oklahoma, pero la mayoría en el sur de California, a lo largo de San Diego, en San Bernardino y Riverside y en diferentes sitios, como éste, "salad bars", no en bares".
"Hubo otra persona que hacía un *show* llamado "Tributo a Elvis', incluso antes de que Elvis muriese, y actuaba en Las Vegas y en el extranjero. Pero era otra persona diferente. No era yo, pero no recuerdo el nombre".
"¿Cuál fue la razón por la que usted cambió el nombre de su espectáculo?
"Cuando yo estaba haciendo el "Tributo a Elvis" me sentí muy cansado y me retiré de hacer eso. Pero después algunos promotores me pidieron que volviera a ser un "*entertainer;*" y decidí cambiarle el nombre por 'El Espíritu de Elvis".
"¿Y cuando se retiró, no hizo otra cosa?".
"No, no hice nada por un largo tiempo".
"¿Estaba enfermo, o qué?"
"No, viajé muchísimo, e hice alguna promoción. Estuve promoviendo a otras gentes y otros grupos. Traté de ayudar a gente joven a comenzar en el negocio de la música".
No he perdido la costumbre de saltar de un tema a otro,

Elvis: la tumba sin sosiego

por lo que ahora vuelvo a escarbar en los años anteriores a su recuentro con el cristianismo.
"¿Fue tan terrible su problema con la adicción al alcohol y las drogas como me dijo antes?"
"Sí. Yo acostumbraba a beber, a tomar drogas. Me levantaba con la resaca y volvía a beber. Bebía *scoth whisky*. Dos o tres litros al día, y esto lo hice durante muchos años".
"¿Cuántos?"
"Veinte".
"¿Todos los dias?"
"Al principio sólo en los fines de semana, pero al final, en los últimos cinco años, todos los días".
"¿Por qué bebía?"
"Para escapar de la realidad. Yo estaba casado y bebía para escapar de mi esposa, para escapar de mi hija que iba a nacer... Yo no podía aceptar responíabilidades...Era terrible..."
"¿Y entonces qué pasó?"
"Comencé a leer libros cristianos, no religiosos. Cogí la Biblia y al leer la Biblia empecé a pensar que había un Dios real y que El deseaba lo mejor para cada uno de nosotros. Y la Biblia me ayudó a abandonar el alcohol y las drogas. Y también a dejar de fumar..."

La música nos llegaba ahora en oleadas, iba y venía con aquella dulce melodía *country*, de la que me hubiera gustado saber el nombre, pero ni siquiera reconocía al cantante, y Jon, enfrascado como estaba ahora en reafirmarme su cristianismo, parecía no tomar en consideración. Pero era una hermosa y linda melodía, como traida por el viento desde la lejanía de la noche.

Algo que sólo podía escucharse en Texas, en un dia memorable como áquel, bajo las estrellas de mayo. Dios parecía hablar ahora por boca de Jon, y cantar desde los altoparlantes. Mientras oía a Jon repetir su hermosa prédica, la salvadora, la que había transformado su vida y la de tantos otros, yo sentía que esa música tenía mucho que ver con todo lo él decía.

"Dios me habla a través de la Biblia y tengo que relajarme y oirlo... El me da mucha paz... Una gran cantidad de cosas estuvieron erradas en mi vida, pero Dios no me dijo que bebiera, por ejemplo. El diablo es que hace cosas malas, porque creo que algunas veces el diablo persigue a la gente... Pero Dios tiene más poder que el diablo. Y en eso creo".

Y con la música sobre nuestras cabezas, vuelven también sus

palabras: "Tenemos que rezar...eso es todo... A mí me salvó de las drogas y el alcohol", dice finalmente como en un murmullo para sí mismo.

Mi próxima pregunta es una prueba de fuego, pero Jon parece no saberlo. Trato de formularla sin que advierta en mí un mayor interés en su respuesta. No quiero asustarlo.

"¿Tiene una cicatriz alrededor del cuello?"

"¿La cicatriz del cuello? ¿Quiere verla?"

No esperaba una respuesta positiva, así que cuando se abrió el cuello de la camisa y me mostró la pequeña cicatriz cerca de la clavícula izquierda, no supe qué decirle. Mi sorpresa fue tan auténtica como su extrañeza de que yo supiera que tenía esa cicatriz allí.

"Aquí", dice señalándola de nuevo. "Aquí. ¿La ve?"

Pero me he quedado petrificada por la evidencia. Atino sólo a preguntarle cómo se la hizo.

"Realmente no sé" — dice, y parece sincero —. "Me levanté una mañana y estaba ahí. No sé cómo sucedió. Es ahora sólo una pequeña cicatriz. Pero, ¿cómo usted lo sabe?"

"¿Que cómo sé que usted tiene una cicatriz ahí?"

No puedo menos que reirme en su cara; es una sensación de victoria que sólo se experimenta cuando uno logra anotarse un punto por muy pequeño que éste sea. El insistía: "Dígame, ¿cómo lo sabe?"

Yo no podía evitar disfrutar mi victoria. "Yo no sé", le dije para que no insistiera. Pero él continuó: "Sí, usted sabe". Y ya casi para sí mismo: "¿Pero cómo usted sabe que yo tengo esa cicatriz?"

Y como yo insistía en no saber, me preguntó cuándo yo había escrito esa pregunta. Le dije que esa misma noche, a toda prisa, antes de que nos recogieran ellos en el motel. Pero no salía de su sorpresa.

Yo trataba de bromear: "Quizás fue una inspiración que me llegó a través de alguien".

"¿De quién, quizás del Espíritu Santo?

"Quizás" —le respondí incapaz de decirle la verdad. ¿La verdad? Era tan sencilla como una gota de agua, pero por primera vez quise tomar ventaja de su inocencia. Pensé que era divertido ocultarle las razones que me habían llevado a hacerle esa pregunta. Lo más importante no era cómo yo lo había sabido, sino la existencia misma de esa cicatriz. Les diré por qué.

Albert Goldman dice en su libro *Elvis* —para mí, uno de los "clásicos" de la mala fe— que la afición del cantante a detonar fuegos artificiales en Graceland había llegado a producir en más

Elvis: la tumba sin sosiego

de una ocasión algún que otro herido. Y señala el caso de Richard Davis, quien casi pierde un ojo cuando una de aquellas bolas encendidas de fosfato le pegó en la cara. Y termina diciendo: "Elvis tenía una gran cicatriz sobre su nuca producida por un cohete que descendió sobre su cuello y lo quemó pavorosamente". ("Elvis had a big scar on his neck from a hot shot that slipped down his collar and burnt him fearfully", escribió).

Jon me había dicho que no había leido ninguno de los libros que se habían escrito sobre Elvis, salvo, por razones distintas, *Is Elvis Alive?*, de Gail Brewer Giorgio. Él no decirle la verdad en aquel momento, me daba una evidente ventaja —él podía suponer que yo tenía poderes "extrasensoriales", lo cual era en principio no era una mala cosa—, pero sobre todo me evitaba decirle lo que su cicatriz representaba para mí.

Era obvio que la presencia de esa herida o quemadura, que el tiempo debió haber ido haciendo más pequeña cada vez, podía ser una prueba fehaciente de que Elvis y Jon eran la misma persona. O de nuevo, vendría a confirmar la tesis de las coincidencias, que harían de Jon Burrows un ser de excepción.

Disfruté en silencio con mi "pequeña travesura", mientras observaba en él un cierto desconcierto. Durante mis años de investigación en torno a Elvis, aquel pequeño detalle de la cicatriz —que para otros parecía haber pasado inadvertido— había constituido para mí un punto clave. Sabía que de descubrir esa cicatriz en un potencial Elvis tenía casi un noventa por ciento de probabilidades de haber acertado. Fueron incontables las horas en que me las pasé ideando la forma en que podría mirar el cuello del supuesto Elvis sin que éste se revelara contra mi atrevimiento. Y ahora de pronto, allí, en medio de la noche texana, Jon Burrows se abría la camisa y me mostraba su cicatriz. Las cosas más difíciles de conseguir son a veces las que primero se alcanzan, me dije a mí misma, feliz y desconcertada a un tiempo.

Pero además de la cicatriz está esa cruz egipcia que llevaba colgada Jon desde la primera noche que nos encontramos, el Ankh, un amuleto cuya palabra significa "VIDA". Clifford Lindsey Alderman, dice en su libro *Symbols of Magic. Amulets and Talismans*: "The Ankh was a cross made of various materials in which, instead of a straight vertical part above the horizontal bar, there was a loop. The life of every god and godess was believed to be sustained by the ankh. They, in turn, gave its power to kings and to souls who passed the examination in the Hall of Judgment, required before they could enter heaven. The souls who received it were believed to live in paradise for one hundred thousand millions of years".

Elvis: la tumba sin sosiego

Me había llamado la atención el hecho de que aquella noche y ahora, siendo Jon un *"born again Christian"* llevara al cuello aquella cruz de origen pagano, pero no le di mayor importancia, porque realmente era una hermosa joya y eso lo justificaba. Pero al regresar a casa y revisar la película *"Elvis on Tour"*, descubrí que éste llevaba al cuello en varias actuaciones aquel amuleto egipcio. La cadena de la que pendía el Ankh era un poco más larga que la de Jon, pero ambas crucies tenían la misma dimensión y color.

¿Trataba Jon de hacerme llegar algún mensaje usando en aquellas dos ocasiones el Ankh, que es un símbolo de vida? Es decir: ¿que él era Elvis? ¿Algo por el estilo a aquel Aaron sobre la tumba de Elvis con una doble A que no le correspondía? Lo cierto era que había visto varias fotos de Jon con distintas cadenas y pendientes y ésta era la primera vez que aparecía el amuleto egipcio. Cuando le pregunté días después por teléfono desde mi casa en New Jersey sobre el Ankh, su respuesta me desconcertó: "Por eso es precisamente que la quiero usar. Porque yo sé que es un símbolo de vida. Recuerde que el nombre del *show* es "El Espritu de Elvis"; cuando la gente ve la cruz tengo la esperanza de que piensen que significa VIDA".

Siempre he sentido un ligero pavor ante la presencia de las palmas de las manos de alguien. Aunque ignoro el arte de la quiromancia, pienso que las manos son un mapa donde, en lugar de caminos y curvaturas, se muestran al descubierto, impúdicos, todos nuestros actos pasados, presentes y futuros. Un espejo donde los demás pueden leer a gusto acerca de nosotros. De ahí que mirar en las manos ajenas sea un acto de curiosidad, no muy cortés, un fizgoneo indiscreto a través de una ventana, o a veces, un acto de "espionaje".

Sin embargo, los Platters habían comenzado a cantar "My Pray", y la atmósfera era tan cálida y relajada que me atreví a pedirle a Jon que me mostrase las palmas de sus manos. No hizo objeción alguna y alargó primero su derecha. Al verla, mi reacción fue de estupor, pero no dije nada. En muchas áreas la piel era tan tersa como la de los niños recien nacidos. Luego mostró su izquierda y sucedía lo mismo. Y aunque ambas, la izquierda y la derecha, tenían fuertes líneas en el centro, la piel de los alrede-

Elvis: la tumba sin sosiego

dores era tan tersa, que no había lugar para las pequeñas líneas que se van formando con los años. Parecían las manos de alguien que hubiese comenzado a vivir unos pocos años atrás, o cuyas huellas hubieran sido arrancadas junto con la piel, como ocurre con algunos procedimientos que los cirujanos plásticos realizan en el rostro para eliminar arrugas.

Me preguntó si buscaba algo en especial y le respondí que "una estrella". Y era cierto. Recordaba que en su libro *My Life with Elvis,* Becky Yancey asegura que Elvis tenía una estrella en alguna parte de la palma de su mano, aunque no sabía con exactitud dónde: "Elvis wants to understand himself, and he became interested for a while in the study of palmistry. He was especially interested in what he identified as a "Cross," two tiny, almost perfectly formed creases that formed a cross on the palm of one of his hands". Y Yancey añadía: "At that time palmistry and its unique terminology was so unfamiliar to me that I'd forgotten the exact placement of the mark and Elvis's explanation of its meaning before leaving the office that day. Consequently it's impossible to describe the significance of the cross, because its exact location on the palm is supremmely important in evaluating its meaning". De todas formas, Becky Yancey da una adecuada interpretación a cada una de las posibles ubicaciones de la cruz: "But those who believe in palmistry and were aware of subsequent events in Elvis's life might guess that it was on the mount of Venus, the fleshy elevation at the base of the thumb near the wrist, where it would indicate an unhappy love affair. If the cross intersects a line on the mount , it means loss of the person represented by that line". O "I've also wondered, —continúa diciendo— since reading more about palmistry, if Elvis's cross is on the cuadrangle. It seems possible. A cross on the cuadrangle, the space between the head and the heart lines, indicates an aptitude or interest in occultism and the mystical".

Sin embargo, había poca luz y a simple vista no pude ubicar ninguna cruz en las palmas de Jon, pero la líneas de ambas mostraban una curiosa complejidad que yo me sentía incapaz de interpretar. Y en especial, en la palma derecha, cerca de la línea del destino, una "mancha" oscura, más bien azulosa, cuyo significado desconozco, aparecía como sumamente inquietante.

Algunas fotos de las palmas de Elvis —imprecisas como es lógico, pues no han sido tomadas con el propósito de que veamos sus manos—, muestran ciertas semejanza de líneas con las de Jon, aunque esto es muy difícil de determinar a simple vista, dada la ausencia de precisión. Sin embargo, las que son idénticas son las muñecas y la línea que divide la mano de éstas. Hay en Elvis y

Elvis: la tumba sin sosiego

en Jon la misma curvatura, a la misma distancia, y en ambos esta línea forma una pronunciada entrada hacia la mitad de la palma de la mano.

No sé a qué atribuirle el que un hombre como Jon, que ha vivido ya 58 años, viajado extensamente, cambiado de lugar de residencia en muchas oportunidades, con una compleja vida sentimental, e incluso una cirugía plástica que rehizo su nariz, no refleje en sus manos toda esa intensidad vital. Porque de lo que sí no me cabe dudas es de que Jon Burrows —sea quien sea— no ha vivido sedentariamente todos estos años, y es evidente que en su vida han habido rupturas importantes, como ésa de dejar a un lado otros intereses personales y convertirse en un "Elvis *entertainer*" o su reencuentro con Dios. Sin embargo, la palma de sus manos no parecen recoger esos cambios. ¿Por qué?

Podrá uno también preguntarse por qué Jon Burrows, que jura que éste es su verdadero nombre y canta con la misma voz de Elvis, prefiere "tomar ventaja" de estas coincidencias y no se ha abierto camino como un cantante con identidad propia, pues le sobran talento y carisma para ello. ¿Por qué, me pregunto, prefiere seguir a "la sombra" de Elvis, en esta suerte de equívoco que él no provoca, pero que todos advierten a su paso? ¿Puede interesarle a alguien el ser más un enigma que un artista con personalidad propia?

Pero en el caso de Jon Burrows lo más curioso es que él no parece disfrutar con el equívoco, ni es uno de esos *impersonators* obsedido con la imagen de Elvis. Jon ni siquiera se muestra como un apasionado admirador, ni suele ponderar sus virtudes, ni expresar una admiración desmedida por el cantante. Es evidente que tampoco quiere ser tomado como Elvis y se niega a aceptar esa posibilidad cuando alguien la sugiere, aunque su mayor alegría parecería consistir en saber que la gente disfruta con su "actuación"; en ser un intérprete del Rey del Rock and Roll y mantener vivo "su espíritu".

Eran casi las doce de la noche cuando abandonamos el restaurante, pero antes de marcharnos realicé una osadía mayor: le pedí a Jon que me dejara cortarle un pequeño mechón de pelo. Cuando aceptó gustoso, Bárbara, su asistenta, que se había mantenido conversando animadamente con mi hijo, tomó la pequeña tijera que yo llevaba en la cartera y le cortó el cabello. Envolvió el pelo negro y sedoso de Jon en una hojita de papel y fue ella misma quien, con su fino humor, escribió sobre el envoltorio: *"Elvis' hair.* 1993"

Elvis: la tumba sin sosiego

Hicimos el viaje de regreso a Fort Worth por una carretera distinta, la 820, que salía directamente a nuestro motel. De ese modo, Jon fue mostrándonos esa otra parte del camino, en especial aquellas luces que ahora comenzaban a descender sobre el parque de diversiones, y todo lo que podía constituir una novedad para nosotros. A mitad del viaje, a petición de Barbara, Jon encendió la grabadora del auto y apareció Elvis, en algunas de sus actuaciones en vivo. Pero yo pensé que lo mismo hubiera podido ser Jon el que cantaba, pues aquellas grabaciones, tomadas de sus conciertos, sin la rigidez propia de las grabaciones de estudio, mostraban una espontaneidad de registros vocales que bien podrían demostrar que entre la voz de Jon y la de Elvis no había diferencia.

La noche siempre es propicia a que todos los misterios y todas las respuestas queden flotando en el aire. ¿Era Elvis Presley el hombre que ahora guiaba su nuevo Cadillac negro, con cristales calobares, por aquella carretera de Dallas?

Como he dicho, lo que más me impresionaba no era que se tratase del propio Elvis, sino de alguien como este Jon Burrows al que apenas yo podría definir y cuya vida llena de "coincidencias" o paralelismos, bien podría ser el acertijo más complicado de esta historia. ¿Mentía Jon Burrows? ¿Quería él o alguien más que yo pensara que él era Elvis?

No hacía mucho yo había leido sobre el concepto de subjetividad, y mi reflexión de ahora tenía mucho que ver con lo que Henry Reed, un discípulo de Edgar Cayce, señalaba en *Los misterios de la mente*: "The science of subjectivy understands that we are only objective when we recognize that truth is an interactive event. Observer and observed together create what we have called objective reality". De este modo no me quedaba otra alter-

Elvis: la tumba sin sosiego

nativa que conocer de antemano los riesgos a que me exponía si quería llegar a conclusiones definitivas esa noche. Nada de lo que allí se dijese podía llevarme más que a una primera fase de "la realidad":"Facts, circumstances, and the other ingredients —continuaba diciendo Reed en su libro— that would constitute the atoms of our lives are subject to our own creative perceptions. The first step in learning to have life on our own terms, to "have it your way," is to realize that there is actually no way. We cannot avoid our own role in creating the reality we experience." Quizás, tenía que conceder ahora, ese Jon Burrows que yo percibía más bien como un hombre desgarrado, lleno de tristeza y desolación, que buscaba aferrarse a la vida con lo único que poseía, su dolorosa verdad hecha ahora silencio, una verdad que ni siquiera podía expresar más que con los ojos, no era producto de mi subjetividad, sino de un intercambio mutuo de percepciones. Es decir, yo no hubiera podido "inventar" a Jon Burrows si él no me huiera ofrecido esa visión de sí mismo. Que ésta coincidiera con la de Elvis era lo que menos me interesaba... yo aceptaba gustosa recibir esa imagen que él estaba poniendo frente a mí esa noche, para que entre los dos la transformáramos en la llamada "realidad objetiva".

"¿Le gustan a usted las armas, Jon? ¿Cuál es su opinión del control de armas?", me oi de pronto preguntándole,—como si hubiera echado a funcionar la máquina del tiempo— en una de las tantas conversaciones que sostuvimos por teléfono después de mi regreso a New Jersey.

"Sí, pero creo que debería de haber cierto control."

"¿Tiene armas?"

"Sí".

Las que más me seducían eran las preguntas que me llevaran a conocer su alma, por eso escarbaba sin piedad, hasta dar con el verdadero Jon Burrows:

"Cuál es su idea de la felicidad, Jon?"

"¿Podría pasar a la próxima pregunta?"

"¿No le interesa decirme qué pienía de la felic!idad?"

"Dejémoslo para más adelante. ¿Cuál es su próxima pregunta?"

"¿A menudo se siente usted triste?"

" Sí".

"¿Y cuando se levanta cuál es su estado de ánimo?

"Algunas veces me siento cansado..., otras, preocupado".

"¿Por cosas reales o que usted se imagina?"

"No, cosas reales".

"¿Podría contarme el último sueño que tuvo?"

"Ah, bueno, yo me veía en una pequeña montaña y tenía que ir

Elvis: la tumba sin sosiego

hacia al otro lado, donde también había otra montaña semejante."
"¿Era un sueño agradable?"
"Sí, yo nunca tengo pesadillas. Sé que estoy soñando y que puedo salir de ese sueño a voluntad y cambiar mi sueño cuando es muy aburrido".
"¿Quiere decir que usted tiene sueños lúcidos?".
"Sí, yo sé que estoy soñando —casi siempre sueño en colores— y me veo a mí mismo haciendo cosas, y si no me gusta, me despierto y luego comienzo a soñar otra cosa."
"Si alguien le ofreciera la oportunidad de realizar un deseo, ¿cuál escogería usted?"
"¿Un deseo? Es realmente difícil de decir, porque hay demasiados deseos..."
"Está bien" —lo interrumpo—, dos deseos..."
"El primer deseo es que todos en el mundo entero acepten a Jesucristo como su salvador y que todo el mundo viva feliz y en paz y no haya más asesinatos, no más guerras, sólo paz y que todo el mundo ame a todo el mundo. Ese sería mi pimer deseo". Y su voz, llena de sinceridad y emoción, era casi una plegaria.
"¿Y cuál sería el segundo?".
"Realmente tengo que pensar sobre eso, porque si hay paz en el mundo y tranquilidad, quizás no necesite el segundo deseo."
"¿Qué cosa odia más que nada?"
"La mentira y la gente que tome ventaja sobre otras gentes".
"¿Piensa que el destino de las personas ha sido escrito antes de que la persona nazca? ¿O cree que somos libres de escoger nuestra propia vida?"
"Sí, creo que todo está escrito. Y la Biblia también lo dice".
Estamos entrando en Fort Worth, pero sigo dándole vueltas a mi máquina del tiempo, y salto ahora a sus preferencias sobre las películas de Elvis:
"Me gustan "Loving You", "Jailhouse Rock"; un par de las últimas que él hizo...

La noche no termina con nuestro arribo al motel. Invito a Jon y a Bárbara a que pasen a la habitación para que puedan echarle un vistazo a "los fantasmas" que aparecen en la fotografía, frente a su casa de Fort Worth. Quiero que ompruebe por él mismo lo que he dicho anteriormente.
Saco la enorme lupa que siempre llevo conmigo y hago que mire detalladamente bajo la luz de la lámpara cada uno de esos personajes que de algún modo lo acompañan en su casa. Para que

Elvis: la tumba sin sosiego

la luz dé directamente sobre la foto, Jon tiene que arrodillarse en el piso y así puedo mostrarle en detalle este fenómeno de fotografía síquica, muy pocas veces recogido. He visto recientemente un libro con algunos casos parecidos, pero todos son manifestaciones aisladas. En la casa de Jon, se muestran como un conjunto diverso e inquietante, y he podido comprobar, a mi regreso de Texas, que al observar de nuevo la fotografía de la casa han hecho su aparición nuevos "fantasmas", algo realmente inexplicable, ya que se trata de la misma foto. He preferido no decirle nada sobre el tema, pero ahora la visión de alguno de ellos es sobrecogedora. Especialmente uno que aparece en la ventana de la sala. ¿A que se debe este fenómeno? Es algo imposible de explicar.

Aquella noche, sin embargo, Jon ha podido comprobar con sus propios ojos todo lo que ya le haba referido sobre la fotografa donde él aparece abriendo la puerta de la casa. No se inquieta y hasta bromea sobre el número de sus insospechados "invitados".

Entonces le pregunto si puedo tomarle algunas fotos y con su resignado espíritu de complacencia acepta de buen ánimo. Hago once tomas, en distintas partes de la habitación, y no se salvan del ojo de la cámara, ni las palmas de sus manos ni el pie izquierdo, enfundado en su bota negra. Ha sido, después de todo, un juego divertido que a él no ha parecido disgustarle.

Nos despedimos todos a la entrada del motel. Jon me da la mano y luego me abraza emocionado quizás con el recuerdo de todo lo vivido y hablado esa noche. De algún modo siento que me agradece el haber podido compartir unas horas en el espíritu relajado de la gente común y corriente, que tiene tiempo para sentarse al aire libre y conversar.

Los veo alejarse hacia el automóvil y siento una infinita pena por él, como la que sólo somos capaces de experimentar cuando se ha tocado el alma de alguien y la hemos sentido en carne viva.

Cuando esa noche me quedo dormida, sueño que estoy sentada frente al mar viendo la luna crecer en el horizonte, y a mi lado hay un Cristo, de largos cabellos que canta algo hermoso pero inaudible. Tiene que estar relacionado con mi destino, porque lo veo lanzar un puñado de arena al aire y se queda absorto comtemplando cómo se desvanecen los granos al caer. Luego noto que lleva entre las manos un libro de carátula negra y lo abre y

Elvis: la tumba sin sosiego

comienza a leerme partes de "El Libro de los Romanos" : "Porque en esperanza fuimos salvados; pero la esperanza que se ve, no es esperanza; porque lo que alguno ve, ¿a qué esperarlo? Pero si esperamos lo que no vemos, con paciencia lo aguardamos".

Luego me veo bajo la ducha, recibiendo el agua que llega de lo alto, un agua vaporizada, llena de frescura, de la que emana una cálida fragancia, casi celestial, que me envuelve con su espiritualidad. Y en otro momento de mi sueño alguien llega y trae en las manos un disco y me dice: "Oye". Y es Elvis cantando, pero son canciones nuevas, jamás oidas por mí y estoy segura de que por nadie. Son nuevas canciones de Elvis. Hermosas canciones, lánguidas y tiernas. Baladas de amor.

Y quiero retener la música y sus palabras en mi cabeza, pero se van desvaneciendo aunque en lo profundo de mi ser ha quedado grabado para siempre el espíritu de esa música.

Al despertar, el sol ha hecho su aparición y yo vuelvo a contemplarlo como todas las mañanas desde mi llegada a Fort Worth. Mis inquietudes, mis dudas, parecen desvanecerse ante esa luz que reina ahora. Si no fuera por el sol, la sensibilidad de la imaginación se cortaría implacable en el frustrante despertar. Todos mis sueños de esa noche, recordados a la luz del nuevo día, apuntan hacia un alterado estado de conciencia donde reina la verdad. "Dreams —vuelvo a pensar en lo que dice Henry Reed— are the place where most of us become aware of the sensitivity of the imagination. While dreaming, our imagination faithfully captures any intuitions of psychic impressions sensed through the soul's infinite reach of perception. We may dream prophetically about an event that later comes true. We may dream telepathically about the troubles of a distant friend. We may reach out clairvoyantly to locate the existence of something that we need. We may dream intuitively the solution to a problem. In our dreams, we may peer into our body with microscopic precision to diagnose the source of a pain. In each case, the dream state uses the imagination to translate impressions into informative, if not also symbolically expressed, visual imagery."

Hacía mucho que yo no soñaba con Elvis. Todos esos sueños que había acumulando a lo largo de más de un año, desaparecieron de improviso desde la primera vez que hablé por telé-

Elvis: la tumba sin sosiego

fono con Jon Burrows. Y no es que lo hubiera sustituido en mis sueños por el otro, era que sencillamente había dejado de soñar, o soñaba y no lo recordaba. Sólo días antes de emprender mi viaje a Fort Worth, ya lo dije antes, vi a Jon en sueños, vestido de negro, y luego tuve ese otro de que ya he hablado, donde se me presentaba con el rostro de Stewart Granger y donde a su vez aparecía un Elvis joven en el parque Central de New York. Pero soñar que Elvis tenía nuevas canciones y que yo disfrutaba del privilegio de oirlas, era un excelente sueño que me ponía de muy buen humor.

Alguien ha dicho que el futuro no existe, tampoco el pasado. Sólo el presente. Entonces, pienso en presente en esa carta prometida que me ha enviado Jon a mi regreso a Princeton. Es una hermosa y sencilla misiva cargada de signos para mí: lectora infatigable de la sensibilidad de los otros; descifradora de textos para entendidos.

En la carta de Jon no falta nada: sentados al aire libre en el café de Dallas me había dicho que a mi regreso me escribiría para dar respuesta a algunas de esas inquietudes que ahora quedaban flotando.

Primero llegaron unas fotos suyas que Bárbara me envió gentilmente: Jon actuando en una base militar; de visita en Memphis durante la filmación de una película sobre Elvis para la televisión; de espaldas, junto a la puerta del mausoleo donde estuvo enterrado Elvis en aquellos dos primeros meses que precedieron a su traslado al Jardín de la Meditación, en Graceland, y algunas otras no menos interesantes. Y días después la amable carta donde me expresaba con sencillez coloquial, que recordaba su propio modo de ser, su agradecimiento por haberlo ido a visitar.

El punto clave era su "aclaración": "I am not Elvis, I am only Jon Burrows, I an (sic) an entertainer, that's all". He señalado acá el detalle de la palabra *an* en lugar del verbo *am*. Este significativo cambio de la *m* por la *n* es oportunamente decisivo: resulta que en la carta de Elvis al presidente Nixon en 1970, aparece el mismo error: "First and Foremost I *an* an entertainer (...)"

Creo que este pequeño detalle resultaría más que significativo

Elvis: la tumba sin sosiego

para identificar como a una sóla persona a los autores de ambas cartas. ¿0 se trata de otra coincidencia entre Elvis y Jon Burrows? Esta vez, sin embargo, el dato apuntaba a un cerebro común. Y no sólo eso, la escritura de toda la carta coincidía casi en su totalidad con la de Elvis.

Pero, mi mayor alegría no radicaba en haber descubierto similitudes, sino en la existencia misma de la carta. Que Jon se tomara el trabajo de agradecer mi visita confirmaba una vez más a mis ojos que no me había equivocado en mis apreciaciones. Se trataba de un artista y ser humano fuera de serie, o por lo menos no de este fin de siglo.

Muchas de las interrogantes que iban surgiendo en mi cabeza y que de una u otra forma no habían encontrado respuesta, fueron razón suficiente para futuras conversaciones teléfonicas entre Jon Burrows y yo. Noches en que, previa cita a través de Bárbara, él esperaba mi llamada a una hora fija, las 8, tiempo del centro. Para entonces, el propio Jon respondía al teléfono con un "Hello" amable y cortés, que ya se me había hecho familiar.

Hablar con él a través del teléfono se había convertido para mí, no sólo en una fuente de información, de recopilación de datos, sino en un modo de conocer mejor, no al artista, sino al ser humano. Contrario a lo que se piense, la distancia que se interponía entre nosotros hacía más fácil la comunicación.

Mientras hablábamos, yo podía imaginarlo: relajado, aunque con cierto aire triste en el rostro, sentado en una cómoda butaca, la cabeza ligeramente ladeada, una mano a ratos sobre el brazo del asiento, o mesándose los cabellos; la otra, en el teléfono.

Lo veía así, en aquella ciudad adoptiva — en la que siempre parecía estar de paso—, como en una de las fotos que recibí a mi regreso a New Jersey y que me sirvió para formarme esta imagen de que hablo, de un Jon doméstico y cotidiano.

O quizás es que estoy siempre pensando en ese Elvis muy joven que responde por teléfono a las preguntas que le formula un periodista. Son los primeros tiempos, y ciertos sectores religiosos han atacado su música: el periodista quiere saber si él considera que ésta es vulgar y una mala influencia para los jóvenes. Elvis es sincero y responde seguro de su verdad, mientras se mesa los cabellos.

Pues realmente no sé si estoy confundiendo ambas imágenes o es que se trata de una sola. No importa, no soy de ningún modo una inquisidora que buscase la verdad a ultranzas de cualquier otra consideración; no, me siento ya su amiga y todo lo que dice me interesa sobre todo en el plano humano. Me gusta ser ese vehículo a través del cual exprese sus emociones, sus ideas y llegue al público. Esta es la única razón de que a veces busque precisiones, quiera saber más:

"Me gustaría entender mejor, Jon, eso que me dijo antes, de que usted mezcla su voz con la de Elvis en sus conciertos".

"Algunas veces, en los conciertos, yo canto yo mismo. Y algunas veces, sólo muevo los labios sobre las canciones de Elvis... Depende del *show* que esté haciendo. Como le digo, algunas veces estoy cantando yo mismo y otras, es Elvis. Algunas veces es verdaderamente difícil notar la diferencia, y la gente en la audiencia realmente no se da cuenta".

"¿La gente no lo nota?", pregunto sorprendida.

"No", repite con tranquilidad.

"Recuerdo que usted me dijo que la gente está tan metida en lo del "Espíritu de Elvis", que no nota la diferencia si usted está cantando o no. ¿Es eso a lo que se refiere?"

"Exactamente".

"¿Cuántas veces lo hace?"

"Depende. En diferentes ocasiones. Y claro, depende del lugar y del público."

"¿Canta las mismas canciones siempre, o cambia con frecuencia?"

"No, hago diferentes *shows*. Algunas veces sólo son 30 minutos, otras, 1 hora".

"¿Y qué sucede si le piden alguna canción en particular?"

"No, no hago nada fuera de lo previsto".

"¿Cuántas canciones de Elvis tiene en su repertorio en total?

"Quizás unas 75".

Se excusa un momento y regresa con una lista de las canciones de alguno de sus *shows*. Le oigo decir que por lo regular comienza con "That is all right, mamma" y luego me lee los otros títulos. Observo que en ese programa hay muchos que corresponden a los años del Elvis joven y me llama la atención el no encontrar canciones de *gospel*.

"Algunas veces la gente realmente no aprecia ese tipo de canción", me contesta, "Y yo no las canto, aunque estoy trabajando en ellas y me gustaría incluirlas".

Elvis: la tumba sin sosiego

Entonces paso a uno de mis temas preferidos:
"¿Cuál es su número favorito, Jon?"
"El siete", me responde sin pensarlo dos veces.
"Es un hermoso número", añadió, pensando en toda la significación mística que contiene. En efecto, el número siete aparece siempre en la historia de la vida espiritual de la gente y según Edgar Cayce "Seven symbolizes the espiritual forces of nature, and those that react to the sensual forces of man". Pero además, curiosamente, siete es el número de nombre de Gladys, la madre de Elvis.
"¿Tiene un piano y una guitarra en su casa?"
"Tengo piano y guitarra en casa."
"¿Cuántas guitarras tiene?"
"Cinco o seis. Pero yo no puedo tocar la guitarra, sólo toco un poquito, no mucho".
"¿Son sólo guitarras eléctricas?"
"No, tengo dos eléctricas y otras tres regulares".
Pienso que un modo de conocer mejor a alguien es dejándolo que hable de cómo le gustaría que fuesen sus vacaciones, a dónde escogería ir: ¿a un lugar cerca del mar, del campo o la ciudad?
"Probablemente ahora me gustaría estar cerca del océano. Me gustaría volver a Hawaii".
Entonces le pregunto por su postre favorito, que es también otro modo de conocer a los demás.
"Me gusta el *banana pudding*".
¿No era éste el postre preferido de Elvis? Por supuesto que lo sabía pero no le dije nada. Recordé tan sólo la anécdota de la enfermera Marion Cocke, cuando Elvis le preguntó si sabía hacer *banana pudding* y ella le trajo dos al día siguiente. Tan interesada estaba en ese postre que, cuando visité a Marion en su apartamento en Memphis, le pedí la receta y ella prometió enviármela. No es un postre común y corriente, pero sí muy popular en el Sur, y resulta difícil encontrar una receta de *banana pudding* en los libros tradicionales de cocina.
Mi próxima pregunta era sobre su condición de padre. Quería conocer, a pesar de que ya me había hablado de sus problemas familiares, cómo enfocaba él ahora la responsabilidad de ser un padre, qué significaba para él esa palabra:
"Ser un padre es tomar responsabilidades de los niños y cuidarlos con amor todo el tiempo", dijo con la voz temblorosa. Parecía muy emocionado.
"¿Echa usted de menos a su hija?"
"Sí, mucho. Es muy duro a veces..., es muy duro a veces..."

"¿Le gustaría estar más cerca de ella?"
"Sí, algunas veces... me gustaría".
Como el tono de su voz era demasiado triste y dramático, mi próxima pregunta fue casi una bendición para los dos:
"Ha visto alguna vez un UFO (Objeto volador no identificado)?"
"Sí, creo eso, me parece que vi uno una vez, pero no estoy seguro, fue en los años sesenta".
El tono de la conversación se siente ahora más relajado, por eso me permito pasar a la infancia.
"¿De niño, tuvo usted un perro? ¿Lo recuerda?"
"No cuando era un niño".
"¿No?", le pregunto sorprendida.
"No cuando era un niño pequeño", insiste. "Eramos demasiado pobres para tener un perro", aclara ante mi afirmación de que más o menos todos los niños tienen un perro.
Hemos estado hablando un largo rato. No quiero cansarlo demasiado, ni agobiarlo con recuerdos penosos, así que le digo que por el momento se me han agotado las preguntas, aunque nunca sea verdad del todo, y nos despedimos.
El tiempo ha pasado volando. Cuando cuelgo el teléfono, estoy de nuevo en Fort Worth, en medio de la habitación del motel, recogiendo mis pertenencias. Al otro día regresábamos a New Jersey.

En alguna que otra ocasión, mis entrevistas telefónicas con Jon se repetían porque la grabación se echaba a perder y tenía que llamar a Bárbara y pedirle una nueva cita. A pesar de estos inconvenientes que me hacían volver una y otra vez sobre las mismas preguntas, Jon conservaba el tono amable y cortés de siempre, cosa que yo apreciaba mucho.
En una oportunidad, tuve que repetir tres veces mi entrevista porque algún "duende" travieso echaba a perder mi cinta grabada y yo no podía oir las respuestas de Jon, aunque sí mis preguntas. A la tercera noche me prometí que esto no volvería a suceder, pero cuando le di la vuelta a la cinta para continuar nuestra conversación, "el duende" volvió a hacer una travesura y borró de

Elvis: la tumba sin sosiego

nuevo las palabras de Jon.

    Pude reconstruir mentalmente cada una de sus respuestas porque esa misma noche escribí todo lo que recordaba, pero me quedé muy sorprendida de esta reiterada adversidad con las grabaciones.

    Acostumbrada a ese ritual de las 8 de la noche, me veía como una maga en tiempos de la tecnología, con mis antenas síquicas conectadas al otro lado de la línea telefónica, mientras me imaginaba enseguida a Jon. Pero una noche dejé que fuese él quien se describiese:
"¿Cómo está vestido hoy?".
"Todo de negro".
"¿Lleva joyas?
"No, sólo un pequeño añillo en mi dedo".
"¿En su mano derecha o en la izquierda?".
"En la izquierda".
Paso a otra cosa: "¿Tiene alguna superstición?".
Balbucea antes de contestar: "No, realmente".
"¿Y qué piensa del Viernes 13?"
"Es la próxima semana", me dice, sin embargo, muy alerta.
    "Recuerdo que usted me habló de que la música *clountry* es hoy lo que era entonces el Rock and Roll en los años cincuenta. ¿Es así cómo piensa? ¿Esta es la música más interesante ahora para usted?".
    "En los cincuenta fue el Rock and Roll, con Jerry Lew Lewis, Little Richard y toda esa gente y fueron muy populares. En los noventa, la mayoría de la gente oye la música *country*, como Garth Brook y otros. Realmente me gusta la música *country* de ahora, porque me hace recordar la de los cincuenta con el Rock and Roll. Ellos tienen un mensaje".

"¿Qué cantantes de la música *country* le gustan más?".
"¿Hombres o mujeres?".
"Ambos. No me deje fuera a las mujeres", le digo en tono de broma.
"Me gusta K. T. Oslin, pienso que es una excelente cantante y también un joven, Jasson D. Williams, él toca el piano verdaderamente bien. Y por supuesto, a todo el mundo le gusta Garth Brooks. Pero realmente me gusta K. T. Oslin porque es una cantante fantástica, y Jasson D. Williams, porque me recuerda a Jerry Lew Lewis. Son los que más me gustan. Pero no me gusta nada la música Rap".

Como la mayoría de las veces, ahora tampoco hay orden en mi questionario. Así que salto a lo personal: su origen, la procedencia de sus abuelos y tatarabuelos. Le doy una lista: ¿Irlanda, Escocia, Alemania?

"Son de Irlanda y mezclados con sangre india, de los indios nativos de este país. Y hay un poquito de alemanes, pero muchos irlandeses".

Tampoco esta vez me muestro sorprendida. Como Elvis, Jon tiene rasgos que recuerdan de algún modo al indio nativo americano. Hay razas que tienen la virtud de dejar una huella maravillosa en la gente, aunque sólo se trate de una gota de sangre. Uno percibe eso en Elvis y Jon, de ahí que ambos sean tan diferentes al resto de los hijos o nietos de irlandeses o escoceses que emigraron a Estados Unidos. Sin duda, ese toque sensual del rostro de Elvis lo tomó de sus ancestros indígenas. Lo mismo podría decirse de Jon.

Vuelvo a tocar los años previos a que se convirtiera en un *entertainer;* quiero saber con certeza, qué precisara qué hacía antes, durante ese tiempo en que todavía no cantaba. Le pregunté si tenía alguna compañía de grabación:

"Sí, tenía una. Promovía gran cantidad de música, de bandas, e hice diferentes cosas en el campo de la promocion".

"¿Diferente clase de música, o sólo rock and roll?"

"Algún rock and roll y diferentes clases de música. Lo que realmente me gustaría es ayudar a la nueva gente, a los que no saben qué hacer, a dónde mirar. Me gusta ayudarlos a producir un par de discos en Nashville, en cosas así".

Nunca antes haba indagado en Jon su opinión del dinero, —entre otras razones quizás porque provengo de una cultura diferente, donde el hablar de dinero es casi una señal de mal gusto—, pero ahora, casi al final de nuestras conversaciones, decidí que era hora de saber qué pensaba acerca de un tópico tan conocido en Elvis, por eso le pregunté si creía que la gente puede ser feliz sin dinero:

"Sí, lo pienso. Realmente creo que sí. El dinero es sólo una forma de comprar cosas; pero verdaderamente no es importante", y volvió a recalcar, como pensando en algo que lo molestase: "No, no es importante".

Salté de nuevo a lo personal, a esa infancia de niño pobre, donde yo podía imaginármelo porque el presente es siempre pasado cuando de personalidades se habla. Fuimos lo que somos, no importa la diferencia de años. Sé, sin haber crecido junto a él, que Jon Burrows fue un niño soñador, más bien tranquilo, aunque con esa ligera impaciencia que no le ha abandonado todavía. Pero quiero conocer qué enfermedades padeció entonces:

"Crecí con muy buena salud la mayoría del tiempo. Tuve todas las enfermedades de los niños, tuve sarampión, varicela, paperas, pero eso es todo; fui saludable."

"¿Pero usted recuerda, por ejemplo, cuántas libras pesó al nacer?", le digo riéndome.

"Realmente no lo sé", y se ríe también.

"¿Nunca se lo dijeron?", le pregunto curiosa por su indiferencia.

"Me lo dijeron, pero no tengo ninguna razón para recordarlo. Sólo sé que nací en casa".

"Está bien, creí entenderle que usted recordaba el día que nació. No me extrañaría —le digo— porque yo recuerdo ese primer día de mi vida".

"Oh, no —se rió de lo que he dicho— pero sé por mi mamá y mi papá, porque tuvimos esa converíación cuando era niño, que naci en casa".

"¿Hay animales que no le gusten del todo?", le digo cambiando la conversación.

"No me gustan los animales salvajes, como los tigres. Amo a los caballos y los perros. Pienso que ésos son animales muy bellos. Caballos y perros son realmente animales muy hermosos".

"¿Le habla a su caballo y a su perra?"

"Oh, sí, claro, hablo con ellos".

"Entiendo que hable con su perra, ¿pero con su caballo?"

"Sí, hablo con mi caballo".

"¿Y usted cree que ella lo entiende?"

"Algunas veces sí. Pero nunca me responde".

"Eso espero", y nos reimos de nuevo.

"¿Cuál es para usted la cosa más aburrida del mundo?", aprovecho para preguntarle siguiendo el mismo tono festivo.

"Estar sentado sin hacer nada", me contesta sin pensarlo dos veces.

"¿Se considera a sí mismo una persona paciente".

Elvis: la tumba sin sosiego

"Oh, sí, claro".
"Dígame, ¿como perdió su miedo a volar? ¿Qué hizo?
"Son dos diferentes historias. No volé durante mucho tiempo hasta alrededor de, pienso, 1969, 1970. Entonces, un amigo mío quiso hipnotizarme, pero a mí no me gusta que nadie domine mi mente; así que decidí probar una vez y coger yo mismo confianza volando".

Lo oía incrédula: fóbica como soy a volar, me parecía imposible que nadie dominase su miedo de modo tan simple. Pero no estaba poniendo en duda lo que decía, sino analizando una vez más la tremenda voluntad que había tenido que desplegar para llegar a enfrentarse y dominar una fobia de esta naturaleza. Mi próxima pregunta se inscribía, sin pretenderlo, dentro del contexto. Yo seguía pues indagando cómo pensaba de sí mismo:

"¿Cuál es la parte de su cuerpo que más le gusta, y cuál, no?", pregunté un poco turbada.

"Me gusta todo mi cuerpo", respondió con orgullo.

"¿Le disgusta algo de usted?", insistí.

"¿Ahora?" —me dijo— ¿o hace mucho tiempo?".

Fue su pregunta la que me turbó: ¿por qué antes y ahora?

"Bueno, a mí realmente me gustaba mi cara a principios de los sesentas, pero no me gustaba mi nariz y por eso me hice la cirugía plástica".

"¿Y entonces ahora...?"

"Bueno, todavía no me gusta mi nariz".

"¿Por qué?", le pregunto.

"Creo que es demasiado ancha".

Recuerdo ahora cómo iban ocurriendo estos imprevistos de que hablé anteriormente, cómo las cintas de grabación se me echaban a perder una y otra vez. Por ejemplo, mientras trataba de oir lo que Jon me decía sobre Elvis y la manipulación de mucha gente alrededor suyo, lo oigo comentar a instancias mías acerca de la publicación del libro "*Elvis: What Happened*", y cómo no era posible evitar que saliera a la calle, como alguna gente ha señalado. "Fue una situación muy confusa, porque cuando ellos escribieron el libro ellos no sabían exactamente lo que iba a pasar. Elvis los había despedido, usted sabe. Había gran cantidad de cosas sobre Elvis que no eran verdad".

Elvis: la tumba sin sosiego

"Pero Elvis tenía una copia del libro antes de que se publicara", le replico ateniéndome a lo que ha dicho Larry Geller.
"No, eso fue despus de que saliera".
"¿Pero no cree que hubiera podido evitarse su publicación?"
"No, creo que nadie hubiera podido pararla".
"Por cierto, Jon, nunca le he preguntado qué hacía usted el día en que se anunció la muerte de Elvis".
"Yo estaba manejando mi automóvil y lo oi por la radio".
"¿En qué ciudad?".
"No puedo decírselo".
"A propósito", le digo aprovechando la ocasión, "¿qué piensa de lo que dicen en el libro *Elvis Sightins*, donde en más de una ocasión aparece Jon Burrows?"
"Nada de eso es verdad. La razón por la que desde el primer momento acepté ser entrevistado por usted, es que sé que dirá solamente la verdad sobre Elvis y sobre mí".

Por supuesto que sé que Jon Burrows confía en mí, como yo en él, aunque ninguno de los dos tengamos razones más que subjetivas en que apoyarnos. El no debería sentirse cómodo hablando con una mujer que está escribiendo un libro sobre su misteriosa personalidad; mientras que yo, por mi parte, tendría que mostrarme inclinada a poner en tela de juicio todo lo que él me diga que coincida con Elvis. Pero esta mutua y tácita confianza solo se explica en el mundo extrasensorial. Lo lógico es que ambos desconfiemos el uno del otro, dada las circunstancias, y él muestre a la defensiva, mientras yo lo acosé a preguntas.

Pero nada de esto ocurre. No estamos escribiendo, por supuesto, un libro en colaboración, pero sé que puedo sentirme segura con sus respuestas. Una de estas noches, una de tantas, llega con ligero retraso a nuestra cita telefónica. Bárbara me dice que está entrando en la casa y lo siento llegar. La experiencia telefónica es uno de esos milagros de la vida moderna que más admiro: no necesito hacer mucho esfuerzo para imaginárlo fatigado por esa noche calurosa de Fort Worth. Es uno de los tantos días en que el termómetro ha subido más de los cien grados, aunque Jon me asegura que está acostumbrado al clima duro de Arizona y California y apenas si lo nota.

Le digo que quiero precisar algunas ideas, confrontar otras, estar segura de que ha sido eso lo que quiso decir. Pero muchas veces repito porque quiero las preguntas a conciencia. Quiero obtener de él dos o tres respuestas a un tiempo, como un científico que cubriese varias posibilidades. Le pregunto siempre de nuevo por sus sueños, le insisto sobre puntos que se han quedado faltos de claridad. O simplemente porque quiero saber más, quiero

conocer sus estados de ánimo y por tanto, sus variables respuestas de acuerdo a estos. La ceremonia del bautizo es algo que me llamó la atención, pero que hasta ahora se había quedado en el tapete. Esta parece ser la noche: "¿Cuándo exáctamente fue usted bautizado?"
"Creo que en 1977".
"Pero, ¿de niño nunca lo bautizaron?"
"No".
"¿Su padre y su madre nunca fueron bautizados?"
"Oh, sí, mi mamá (dice *mamma*), e incluso mi padre (dice *daddy*), fueron bautizados, pero no yo cuando era un niño".
"¿Recuerda usted la ceremonia? ¿Fue muy diferente de las que vemos? ¿Cómo es el bautismo dentro de su religión?"
"Bueno, éste es el llamado bautismo de agua; la persona se sumerge en el agua, en un lago, en un río o en el mar, no importa dónde; sólo sumergirse completamente en el agua".
"¿Nadie reza?"
"Oh, sí, antes de entrar al agua".
"¿Fue en Texas o en otro lugar?"
"Fue en otra parte", me dice balbuceando su respuesta.
A veces, me quedo extrañada de que Jon pueda contestarme sin pensarlo dos veces. Supongo que mucha gente no sabrá de primera instancia qué decir cuando le preguntasen cuál es su flor preferida.
"Me gustan las rosas".
"¿Las blancas?"
"A mi mamá le gustaban las rosas rojas, ¿usted sabe? Y esas eran sus flores preferidas, las rosas rojas. Y son también las mías, porque me recuerdan a mi mamá".
"¿Y cuál es su piedra preferida?"
"Me gusta lo que alguna gente llama el zafiro azul. Me gustan los diamantes también, pero realmente mi preferido es el zafiro azul".
La conversación fluye, le pregunto cómo se siente hoy a pesar del tiempo y me dice que muy bien, que el calor no lo afecta pues está acostumbrado al clima fuerte, y de seguro no le falta razón. A todo se habitúa el cuerpo.

Elvis: la tumba sin sosiego

El 15 y 16 de junio de 1974 Elvis cantó de nuevo en Fort Worth. Desde la déc!ada de los cincuenta, cuando recorría Texas en aquellas giras febriles de los inicios, no haba vuelto a presentarse en la ciudad. Le pregunté a Bárbara —que haba asistido al primer concierto de Elvis en Fort Worth—, dónde había actuado por segunda vez. No lo recordaba, pero me remitió a Jon, con quien conversé del tema.

"El concierto fue en el Tarrant County Convention Center", me dijo sin vacilar.

"¿Asistió usted?"

"Sí".

"¿Ese es el único concierto de Elvis en el que usted estuvo presente?

"No, he estado en varios conciertos suyos".

Me resultaba curioso el dato de que Elvis volviera a cantar a Fort Worth precisamente el 15 de junio, que es mi cumpleaños. Esta coincidencia venía a sumarse a las muchas que ya he narrado existieron entre Elvis y yo durante todo esos años de mi adolescencia y mi vida en Cuba. Me parecía significativo que su gira de entonces coincidiera con esa fecha y que con los años, Fort Worth se convirtiera en el punto de reunión de Jon Burrows y yo. Quizás no se trate más que de otro dato irrelevante, pero dada mi propensión a interpretar todos los acontecimientos que se suceden en la vida de las personas como eslabones concatenados, este hecho no podía pasar inadvertido a mis ojos. Además, era evidente que Fort Worth se había convertido en uno de esos sitios en los que Elvis carenaba con cierta frecuencia, incluso mucho antes, parece, de que se efectuara el remodelaje del Lisa Marie, en aquellas pistas al fondo del motel Sandpipper.

Ya que hablábamos del tema de los conciertos, aproveché para preguntarle si había visto cantar a otros artistas del rock and roll. En especial, quería conocer si estuvo en algún concierto de Bill Halley y sus Cometas. La revista Life acababa de publicar un reportaje sobre aspectos olvidados o desconocidos de la estancia de Elvis en Alemania, donde aparecía una fotografía suya en compañia de Bill Halley.

No estaba intentando tomar ahora a Jon desprevenido, pero sin duda me parecía interesante indagar sobre su conocimiento de primera mano de algunos artistas destacados del rock de los cincuenta, y de paso tener la oportunidad de corroborar si vio entonces o no a Bill Halley.

"Sí", me contestó sin vacilaciones, "vi a Bill Halley en el cin-

Elvis: la tumba sin sosiego

cuenta y nueve o algo así, pero antes yo había estado en otro concierto suyo y también en los de otros artistas del rock and roll.

En mi cabeza bullían las preguntas. Algunas se quedaban sin hacer, por discreción o timidez; las otras, terminaban por salir a flote. Hace tiempo que yo quería que Jon me explicase la diferencia que él veía entre un "Elvis *impersonator*;" y un "Elvis *entertainer*. Mi confusión era válida, porque Jon tenía la misma voz y se parecía enormemente a Elvis, de modo que lo que hacía no podía llamarse imitación. El mismo insistía en que no era un *impersonator*, sino un Elvis *entertainer*, así que una de esas noches le pregunté directamente.

"Un Elvis *impersonator*, o lo que ellos hacen, es ser imitadores de imitadores, y por lo regular hacen cosas graciosas y música torpe. Mientras que yo, como Elvis *entertainer* yo no imito a ningún imitador, yo trato de entretener a la audiencia como Elvis lo hizo cuando fue un *entertainer*. Yo lo hago durante hora y media y cuando termino mi espectáculo quiero que la gente se marche pensando que estuvieron en un concierto de Elvis".

"¿Y la gente nota la diferencia?"

"Alguna gente sí, otra, no?"

"¿Todos los *impersonators* cantan?"

"No, algunos *impersonators* lo hacen, otros no".

"¿Y conoce usted otro Elvis *entertainer*?

"No conozco ningún otro Elvis *entertainer*, por eso es que lo soy. Hay cientos y cientos de Elvis *impersonators*, por supuesto que lo sé, y por eso soy un Elvis *entertainer*. Realmente sé que soy el único calificado para ser un Elvis *entertainer* y pienso que nadie más es bueno".

"Me dijo antes algo acerca de la hipnosis y que usted no dejaba que nadie le tomara la mente. ¿Por qué? ¿podría explicarme más acerca de esto?".

"¿Por qué no quiero ser hipnotizado? No, sólo porque no quiero".

"Bueno, nadie podría hacerlo si usted no quiere. Pero, dígame, ¿se siente temeroso de perder el control?"

"Porque cuando alguien está bajo la hipnosis realmente no sabe qué está haciendo; no quiero que nadie me hipnotice, pero no

Elvis: la tumba sin sosiego

sé tampoco cómo explicarlo."
"¿Porque usted no quiere hacer algo que no quisiera hacer?"
"Uno realmente no quiere hacer algo que no es real. Si me preguntan algo acerca de Elvis y estoy diciendo que es verdad, es algo que puedo decir".
"¿Piensa que a la larga es malo ser hipnotizado?"
"Conozco gente que es hiptnotizada para que deje de fumar y gente que es hipnotizada para que no coma, pero no sé si la hipnosis les hizo algo".
Salto a los años juveniles, a los años de estudiante de High School. Le oigo que me dice, con respecto a sus asignaturas preferidas:
"Me gustaba el inglés, y un poco de matemáticas, SHOP y cantar un poquito".
"¿Era un buen estudiante?"
"Tuve siempre C".
" ¿Recuerda la primera vez que viajó en avión?"
"En 1960 fue la primera vez. Fue un largo viaje en avión".
"¿A dónde voló?"
"Dentro de Estados Unidos".
Volví a generalizar mis preguntas. Pensé que estaba gravitando demasiado sobre terreno prohibido, así que quise saber ahora su estación preferida:
"¿Mi estación preferida? Me gusta el invierno. Me gustan las Navidades".
Era obvio que compartía de nuevo muchos de los gustos de Elvis, pero no quise hacer hincapié en la coincidencia, sino que me deslicé a través de las otras preguntas como si se tratase de un juego donde él siempre se pudiese anotar puntos a su favor. Yo lo oía, acostumbrada ya como estaba a saber que Jon Burrows no mentía, ni trataba de hacerse pasar por quien no era. Por eso eso a ratos, yo evadía las preguntas demasiado "Elvisianas", aquellas que requerían respuestas óbvias. Pero era inevitable que a veces pareciese que yo era la que trataba de ganar puntos:
"¿Cantó alguna vez cuando estaba en la escuela primaria?"
"No, no en el primer, ni segundo curso. Fue cuando yo tenía diez u once años que cogía mi guitarra y entonces comencé a tocar y a oir a otras estrellas de la música *country* en la radio. Yo sabía que iba a ser un *entertainer*, yo lo sabía".

Quizás algunos piensen que no es posible reconstruir una personalidad a través de la línea telefónica, pero yo estaba segura de no equivocarme en mis apreciaciones sobre Jon Burrows. Su voz fue siempre para mí un barómetro muy peculiar, a través del cual yo medía su alma, que es en definitiva la parte que mejor expresa la condición humana. No me equivocaba cuando lo valoré desde el principio de nuestras comunicaciones como fuera de serie; alguien capaz de entregarse todo a través de la voz, incluso cuando sopesase muy bien sus respuestas. Recordando una y otra vez lo hablado, sabía que estaba en presencia de un auténtico artista, de un profundo cristiano, de un hombre lleno de delicadezas, acostumbrado a respetar a sus semejantes, a valorar en su justo medio las necesidades de los otros. Al arribar al final de nuestras charlas, yo me senta profundamente agradecida por haberlo conocido, por haber tocado e intuido su alma. No siempre es posible valorar a los demás de este modo, pues estamos acostumbrados a enmascarar nuestra verdadera naturaleza. Jon, en cambio, por lo menos para mí, era lo que se dice un "libro abierto", de modo que leía en él con facilidad cada una de sus emociones.

Sabía enseguida, por la voz, si estaba triste, preocupado o alegre. Por eso improvisaba mi diálogo tratando de que me dejase conocer cada noche que hablábamos, el estado de su espíritu. Por eso le preguntaba una y otra vez por sus sueños, indagaba como iba vestido, cómo se sentía de salud, en fin, lo humano. Yo disfrutaba muchísimo con estas charlas a las que quería extraerles lo máximo, aunque el marco en que se produjesen no diera pie a mucho, pues yo era —por desgracia—una escritora y la orientación de mi diálogo estaba de algún modo afectado por el profesionalismo conque evidentemente debía conducirme. Pero a veces, yo saltaba todas las barreras y me metía de lleno en su mundo privado; y él tenía toda la paciencia del mundo y no sólo era capaz de oirme sino de comprender mis puntos de vista, de orientarme en ocasiones muy especiales con sus conciertos religiosos. Pero sobre todo, de prestarme toda la atención del mundo aunque a ratos se tratase de las cosas más

simples o elementales.
   Un libro de esta naturaleza no es tarea fácil. Jon estaba a muchas millas de distancia y a mi regreso sólo me quedaría el recurso del teléfono —es decir, de nuevo su voz.
   Las noches en Fort Worth habían llegado a su fin, los amaneceres también. Yo debía volver y sentarme y escribir todo lo que llevaba conmigo en la cabeza y en el alma. ¿Jon Burrows y Elvis eran la misma persona? Me sentía más desconcertada en la medida en que se acercaba la hora de mi partida de Fort Worth.

Elvis: la tumba sin sosiego

A mi regreso de Fort Worth, llegó por suerte a mis manos un documento de extraordinaria importancia. Se trataba de un informe de crédito de la empresa TRW, donde aparecen los nombres de Elvis Presley y Jon Burrows bajo un mismo número de Social Security. Pero más sorprendente aún eran los nombres de Gregory D. Hire y Jennifer B. Petty también asociados a ese mismo número.

¿Querrá esto decir que en 1985, 1989 y 1990 Elvis Presley utilizó todos estos seudónimos, incluidos el de Jon Burrows, mientras se movía secretamente de un sitio a otro: Harnedy (Kentucky); Big Clifty (Kentucky); Athenas (Ohio) e Huron (Ohio). El crédito se origina en Memphis, Tennessee, y tanto Elvis Presley como Jon Burrows aparecen con la dirección de 3797 Elvis Presley Blvd., Memphis, Tennessee, 38112.

Esta información de crédito es de septiembre 7 de 1991, apenas un mes después de que se presentase en televisión el programa Elvis Files, y a unos cuantos de distancia de The Elvis Conspiracy, donde se dice que Jon Burrows tiene el mismo Social Security de Elvis Presley.

Resulta curioso el hecho de que la tienda de *souvenirs* de Tupelo, junto a la casita donde nació Elvis, ofrezca para la venta una réplica de su número de Seguro Social y que el que allí aparece sea otro al que el cantante tenía oficialmente en sus documentos hasta el momento de su *muerte*. No cabe dudas de que Elvis poseía este número, expedido en Mississippii, su lugar de nacimiento, y otro en Tennessee. Ambos difieren y creo que soy la primera persona en percatarse de este hecho. Lo permisible por ley es tener un sólo número de Seguro Social. ¿Por qué entonces Elvis tenía dos, expedidos en distintos estados: el 427-05-5273, de Tennessee, y el 409-52-2002, de Mississippii?

Y también es evidente que la advertencia del informe de: "Not to be used for credit granting, my contain information for more than one consumer", podría significar que se trata de un crédito otorgado a una compañía, no a individuos en particular, pues como ya señalé anteriormente, el número del Seguro Social es

Elvis: la tumba sin sosiego

personal e intransferible.

Por supuesto que este Jon Burrows, ligado al nombre de Elvis Presley, haría más certera la presunción, si no supiéramos que el cantante lo usaba con frecuencia. Pero podríamos preguntarnos ¿por qué una empresa sigue utilizando los nombres de Elvis Presley (quien se asegura murió el 16 de agosto de 1977) y el de Jon Burrows para extender crédito? ¿No demostraría esto que Elvis está vivo y que además suele utilizar el nombre de Jon Burrows para encubrirse?

Diálogo, siempre diálogo. No me canso de querer saber.
"¿En qué año se graduó de High School?"
"¿En qué año?", se queda silencioso pensando y luego dice: "1954, en junio de 1954".
"Ha jugado alguna vez fúttbol?"
"Oh, sí, jugué un poquito de fútbol en High School. Le diré que jugué la posición *tackle*".
"¿Le gusta ir a los juegos de fútbol ahora?"
"Los veo en la televisión porque a veces, usted sabe, es difícil con toda esa gente, usted recuerda el stadium de los Cowboys cuando fuimos juntos a Dallas... Prefiero verlo en la televisión. Pero me gusta mucho el futbol realmente. Me gusta mucho Pittsburgh".
"¿Y qué le parece el baseball?".
"No me gusta?"
"¿Y el boxeo?"
"No, no me gusta el boxeo".
"¿Pero no tiene algún boxeador que sea su preferido?"
"Bueno, Muhamed Ali es mi favorito. Lo conocí al final de los sesentas".
"Yo odio los domingos", le digo para introducirme en el tema: "¿siente alguna predilección especial por algún día de la semana?"
"Realmente me gustan todos los dias, porque cada uno es un día especial. Me gustan los viernes, los sábados, me gustan los miércoles... me gustan todos los días".
Y de pronto, quiero saber sobre la actriz que más le gusta y me responde como lo hizo Elvis: "Me gusta Shelley Fabares. Es una actriz extraordinaria, realmente me gusta".
"¿Le gustó alguna vez Marylin Monroe?"
"Bueno, ella estaba un poquito loca. Era una agradable dama, pero desafortunadamente murió".
"¿Le parece que fue una bella mujer?"
"Pienso que espiritualmente fue una bella mujer".
"¿Cómo está vestido esta noche?", le digo para cambiar el

Elvis: la tumba sin sosiego

tema de la conversación y ubicarlo mejor:
"Bueno tengo un sombrero que parece de jugar al golf. Es como una bola encima de mi cabeza", nos reimos, luego continúa con la descripción: "tengo mis espejuelos puestos, una camisa suelta y pantalones negros".
"¿Recuerda que me dijo antes que usted tenía algún poco de sangre india".
"Sí, claro".
"¿Recuerda de qué clase: *cherokee*, navajo o cuál otra?"
"Creo que cherokee".
Entonces le hablo de la foto de su casa que él me envió, donde yo descubrí, entre otros, el fantasma de un indio cherokee en la ventana, y que luego le mostré en Fort Worth.
"Es un *cherokee*", le digo.
"¿Oh, sí? Recuerdo que me lo mostró, pero no sabía que era un indio cherokee."
"Pues sí", respondo haciendo hincapié en la coincidencia.
"Es bueno", me dice complacido.
Otra pregunta de rigor:
"¿Tuvo algún sueño anoche?"
"No, no soñé".
"Lo siento, Jon, soy como una siquiatra, siempre preguntando estas boberías", él se ríe, pero mi próxima pregunta no tiene ese estilo:
"¿Cuántos años tenía cuando murió su mamá?".
"Déjeme ver —se queda pensando—, tenía 22 ó 21 años".
"Estaba usted con ella cuando murió?"
"No en ese momento, pero yo estuve ese día en el hospital".
Ahora, mientras recuerdo, me averguenzo de mí misma.
La próxima cosa que le pregunto a Jon es sobre el Ejército. Es obvio que todo el mundo sabe que Elvis estaba en el ejército cuando su madre murió, asíque él no habrá dejado de pensar que lo hice intencionalmente. Pero fue realmente pura coincidencia.
"Usted me habló antes del ejército. ¿No le gustó estar todo ese tiempo ahí, Jon?"
"No, estuvo bien, yo no odio el ejército.
"¿Se considera usted un hombre afortunado?".
"Oh, sí, claro".
"¿Por qué?"
"Las cosas han sido buenas toda mi vida. Desde cuando yo tenía 19 años... hasta los 40, ocurrieron gran cantidad de milagros, gran cantidad de cosas, de cosas buenas; hice gran cantidad de cosas... bueno, usted sabe, fue realmente estupendo".
"¿Actuará usted durante los días del aniversario de la muerte de Elvis".
"No, creo que no".

Elvis: la tumba sin sosiego

Uno de esos días, apareció en los tabloides de supermercado el anuncio de una cinta de video con la insinuación de que el cantante Jimmy Ellis podría ser Elvis. La evidente manipulación comercial de este anuncio, con un Ellis enmascarado y tomas secretas en algún lugar de Europa, me llevó a preguntarle directamente a Jon sobre el asunto. Quise que me dijera su opinión sobre esta nueva publicidad encaminada a distorsionar la verdad de Elvis. Como siempre, lo encontré calmado y su respuesta me aclaró algunas dudas:

"Jimmy Ellis es solamente un Elvis *impersonator*, y si usted se fija verá que es un buen anuncio, puro negocio, pero él no es Elvis Presley", me responde. Luego quiero saber más sobre esta nueva propaganda en torno al cantante que se ha presentado en los últimos años como una voz "naturalmente" igual a la de Elvis, no la de un imitador. El propio Ellis ha negado ser Elvis e incluso —ante la duda que despertaba— dejó de usar la máscara con la cual se identificaba bajo el nombre de Orión, personaje que a su vez es el protagonista de la novela de igual título de Gail Brewer Giorgo.

"Jimmy Ellis es un buen cantante *impersonator*, y al Gail Giorgio hablar de él en su libro, cobró un inusitado misterio", continúa diciéndome. "Creo que ese libro le dio la oportunidad a Jimmy Ellis de hacer lo que está haciendo", recalca. "El había rondando por ahí durante un cierto tiempo, tengo algunos de sus discos. Para mí, él ni siquiera cantaba tan parecido a Elvis".

"Bueno, creo que algunos han dicho que Elvis lo usaba a él para cantar, pero nunca nadie dijo antes que él fuera Elvis, ¿no es así?, añado.

"Sí, pero eso no era verdad", me replica.

"Bueno", quiero precisar, "¿es posible cantar las canciones de Elvis con una voz como la suya sin problemas?"

"Sí, sólo tienen que pagar los derechos de autor. Pero, incluso para mí, es muy difícil hacer un disco porque hay cientos de *impersonators* y todo el mundo canta como Elvis. Es muy difícil vender ese album. Porque todo el mundo quiere comprar a Elvis cantando, no quieren comprar *impersonators*".

Elvis: la tumba sin sosiego

"Pero qué piensa sobre la gente que usa el nombre de Elvis o permite que otros usen su nombre relacionándolo con el cantante, con el objetivo de hacerse pasar por Elvis y ganar fama y dinero?"

"No creo que nadie deba hacer o permitir eso. Algunas veces la gente puede verme y echar un vistazo a mi cara y decir: "!Es Elvis! Pero al que ellos están viendo no es a mí. Usted sabe, todo eso que la gente hace es puramente comercial. Tengo un buen amigo de más de setenta años cuyo nombre es Elvis... Bueno, ¿qué puedo decirle?"

"Hábleme un poco de su vocación artística? ¿Pensaba desde que estaba en la escuela que sería un *entertainer*?"

"Recuerdo que cuando era un niño pequeño yo quería ser un *entertainer*, todo lo que quería era ser un gran cantante. Tuve mucha suerte, porque mucha gente quiso ayudarme cuando yo comencé y todo fue cogiendo su lugar y de joven hice muchas cosas, algunas fueron buenas, otras malas. Yo quería ser un *entertainer*, lo necesitaba...", afirma con pasión.

"Pero, independientemente de que quería ser eso, ¿pensó alguna vez que podría dedicarse a otra cosa, ser un abogado, por ejemplo?".

"No, nunca. Yo sólo quería ser un *entertainer*", dice resuelto.

"Entonces", le pregunto intrigada, "¿por qué no trató de ser un cantante profesional?"

"Lo trato de hacer cuando canto como Elvis, pero es muy duro vender discos, porque nadie quiere comprar otro que no sea él".

"Pero mi pregunta va dirigida a la época anterior a que usted se convirtiera en un Elvis *entertainer*. ¿Por qué no pensó entonces ser un cantante con personalidad propia?", quiero saber. Esta es siempre una pregunta que, sin eludirla, Jon nunca me la aclara del todo.

"No, el problema es que cuando yo quería cantar, la gente de las compañías de discos, decían siempre "Pero es que usted canta demasiado parecido a Elvis, no podemos hacer nada", el dinero que ellos recibirían es por lo que vendiesen y estaban preocupados que nadie les compraría los discos, y no hicieran ningún dinero".

"¿Entonces ésa fue una de las razones por la que usted se hizo un Elvis *entertainer*?"

"Sí, ésa fue una de las razones"

"¿Y la otra?"

"Porque quería ser un *entertainer*, y todo encajaba entonces. Hace tiempo, cuando no podía hacer otra cosa, alguna gente me sugirió hacer este *show* de Elvis, lo dejé por un par de años y comencé de nuevo con el "Espíritu de Elvis".

"Ya le he explicado otras veces, Jon, que vuelvo sobre algunas preguntas... Perdóneme de nuevo, pero ¿tuvo algún sueño anoche?"

"Oh, sí, estuve soñando la noche del viernes. Había un gran restaurante con mucha gente dentro en la parte derecha y también muchos otros en la izquierda. Y en medio de toda esa muchedumbre estaba George Harrison, de los Beatles, y una de mis secretarias —usted sabe, la que escribe la correspondencia para mí— estaba allí. George Harrison estaba muerto, la secretaria estaba muerta, todo el mundo estaba muerto en el sueño. Y yo tuve que irme, y cuando estuve en la puerta principal de este enorme restaurante todo el mundo estaba muerto menos yo. Todo el mundo que estaba allí estaba muerto. Y toda la muchedumbre y George Harrison estaban muertos. Y no sé lo que significa este sueño".

"Yo tampoco", le dije, pero no dejé de pensar en las raras connotaciones que pudiera tener este sueño, que por otra parte, tampoco aparecía a sus ojos como una pesadilla. El mismo me había dicho antes que nunca las tenía. ¿Habrá alguna razón especial para pensar que este sueño encerraba los símbolos de la inmortalidad de la leyenda Elvis Presley? El tono en que lo narraba era sereno y estaba segura de que por su cabeza no estaban pasando los mismos pensamientos que los míos, o a mí no me lo parecía.

"¿Y hoy cómo anda vestido?", le digo con mi habitual curiosidad.

"Bueno, estoy muy informal: un pullover, pantalones negros y un sombrero".

"¿Tiene alguna cruz puesta?".

"Sí, una pequeña".

"Usted sabe, en estos días se conmemora la muerte de Elvis... y mucha gente le hace homenajes..."

"Sí", dice interrumpiéndome, "lo hacen en el día incorrecto".

"¿Qué piensa de la gente que piensa que Elvis está vivo?"

"¿Recuerda el libro que me envió, el de los *Elvis Sightings*? Veo cantidad de cosas chistosas en él, porque hay realmente muy pocas personas que sepan de Elvis Presley y la verdadera historia de agosto 16 de 1977. Pienso que probablemente habrá cinco personas que sepan realmente qué pasó. En el primer programa de la televisión, Elvis Files, Gail hizo dinero vendiendo la cinta aquella, y en el segundo, The Elvis Conspiracy, estuvieron verdaderamente cerca de darse cuenta de lo que está pasando, pero nunca dijeron realmente la verdad. Por ejemplo, pienso que Joe Exposito no dirá

Elvis: la tumba sin sosiego

la verdad en muchísimas cosas de las que pasaron. El mentirá en ese libro que va a publicar".

Semanas antes le había enviado a Jon un artículo sobre una exposición y venta de cosas personales de Elvis, propiedad de Joe Exposito, *road manager* de Elvis, que se había abierto cerca de mi casa. Allí se informaba sobre el libro que Joe Exposito estaba escribiendo, donde, de acuerdo a sus propias declaraciones, iba a decir "toda" la verdad sobre Elvis Presley y a negar con pruebas que estuviese vivo.

Mi próxima pregunta iba encaminada a ahondar más en su opinión en torno a los rumores de que se está intentando abrir la tumba de Elvis. "¿Qué pasara?", le digo, "si logra consumarse este anhelado deseo de algunas gentes, y se descubre que allí no hay nada, que la tumba está vacía?"

"Pienso que si esto sucede una gran cantidad de gente dirá 'Bueno, puede ser que esté muerto, pero no enterrado allí'. Ya le dije antes que él no está enterrado allí, pero cuando encuentren que no están los restos, muchos pensarán que está vivo. Sé que los que están preocupados con todo esto tratarán de entender qué pasó realmente".

Pasamos a otros temas, volvemos a Willie Nelson. Le pregunto si ha oido alguna vez que Elvis no tuviese buenas relaciones con Nelson, pero me aclara que no, que no existía ningún sentimiento especial entre uno y otro. Y esto me lleva a indagar si él ha escrito alguna canción:

"He escrito canciones, pero como co-escritor. Alguien que escribió una canción y entonces yo la he cambiado un poquito. Esto lo he hecho en tres o cuatro canciones?"

"¿Se refiere a la letra de la canción o a la melodía?".

"A la letra, yo no puedo escribir música. Usted sabe, alguien que le puso la música a una canción y a mí no me gustaba lo que decía y la he cambiado un poquito..., me han permitido ser un co-escritor; yo no puedo leer música, sólo tocar un poquito en la guitarra, como ya le he dicho".

"¿Quisiera decirme algo en especial para terminar nuestras entrevistas?"

"Si algunos creen de corazón que Elvis está vivo, que no echen a un lado ese pensamiento, porque el espíritu de Elvis vivirá para siempre por cientos de años. Elvis vivirá siempre, incluso si alguna gente dice que él murió en 1977, y otra que vive, porque la gente lo admira hoy. E incluso si él no hubiese muerto hasta 1989, quiero pensar que la gente cree de corazón que él vive en espíritu.

Elvis: la tumba sin sosiego

El sábado al atardecer, después de una visita al museo Kimbell de Fort Worth, volví al motel con el animo de prepararme para el retorno. Había sido uno de esos das de intenso sol y la idea del largo y fatigoso viaje estaban haciendo mella ya en mi espíritu. Me marchaba llevándome conmigo todas las interrogantes imaginables. Mis encuentros con Jon Burrows habían abierto nuevas inquietudes. Estaba exhausta, deprimida, llena de fatiga mental. Aunque no consideraba un fracaso aquel largo viaje, hubiera deseado llevarme conmigo "la verdad". ¿Dónde estaba, pues? ¿Quién era Jon Burrows? ¿Quién era este hombre lleno de coincidencias? ¿A quién pertenecía esta voz, esa figura y esos ojos? ¿Podría estar Elvis Presley escondido detrás de Jon? ¿Cómo era posible que yo no lo supiera todavía? Si el sentimiento de frustración alcanzara para definir mi estado de ánimo de esa tarde, me gustaría utilizar aquí esa palabra.

Pero, el aspecto positivo de mi viaje tampoco era menos riesgoso. Si Jon era Elvis y yo había podido tener una oportunidad única, si durante meses haba admitido ser entrevistado por mí, ser visitado e incluso realicé en su compañía ese inolvidable viaje a Dallas, ¿cuál podía ser la razón por la que se habría arriesgado ahora a dejarme entrever quién era y cómo pensaba? ¿No significaría que este hombre, atrapado de nuevo en su propia fama, secuestrado por las circunstancias y razones de peso superiores, intentaba ahora no seguir siendo el Elvis Presley que murió en 1977? Entonces, ¿qué podía hacer yo, una simple escritora, para darle vida a este personaje real que necesitaba de mi honestidad para lanzar sus mensajes de amor y vida al mundo?

Si Jon era Elvis, como a ratos intuía, estaba segura de que quería "vivir", de que quería poder tomar el aire fresco de la mañana como cualesquiera de nosotros, de que quería sentarse bajo la arboleda, o soñar con una vida menos solitaria. Estaba pidiendo a gritos que lo liberasen de un peso monstruoso, que le permitiesen la vida más humilde, pero también la más humana. Jon Burrows, su "alter ego", el hombre que había asumido el

Elvis: la tumba sin sosiego

"Espíritu de Elvis", como el que retoma con alegría la cruz gloriosa de una de las más grandes leyendas de todos los tiempos, había ido adquiriendo en cambio, quizás inconscientemente, la personalidad dolorosa de Elvis. Como si el cuerpo y el espíritu de Jon se hubiesen fundido en el del otro, asumiendo su soledad, su dolorosa existencia, aunque al mismo tiempo, su amor por la vida, por la sencillez, por la jocosidad. Uno y otro eran, a mis ojos, la misma persona espiritual, el mismo ser que se apoyaba en la palabra de Dios. Un Elvis "renacido", un Jon también "nacido de nuevo". Ambos se complementaban maravillosamente, como gemelos, como esos dos hermanos Presley que no llegaron a conocerse nunca, aunque eran inseparables. Elvis y Jon.

    El teléfono de mi habitación sonó y era Jon. Me llamaba para despedirse. Lo oi balbucear, preguntarme sí deseaba que le contestase algo más, si podía serme útil. Le respondí que por el momento no era necesario. Hubo silencios, vacíos, a uno y otro lado de la línea. Recuerdo sus últimas palabras de aquel atardecer: "Hasta que nos volvamos a ver. Adios".
    Y era su *Adios* en español, ése que tanto me inquietaba siempre. Sentí que mi viaje había llegado a su fin, pero que entendía mejor a este hombre, fuese quien fuese. Ese sentimiento de extraordinaria soledad que me llegó por el teléfono, me lo confirmaba.

Partimos el domingo hacia Chicago, pero con cuatro horas de retraso. Durante todo ese tiempo, mientras el tren estuvo detenido en la estación de Fort Worth, tuve la sensación de que la mortandad de un domingo en cualquier sitio se agrandaba ahora con la inquietud de todo lo vivido.

Me hubiera gustado contar aquí que estuve junto a Elvis Presley, que viví quizás los días más misteriosos y extraordinarios de mi vida, los más ansiosos también. Hubiera preferido decirles que Elvis está vivo, que es un hombre feliz, lleno de paz y amor por sus semejantes; un hombre que quiso "escapar" de las ataduras de la fama y que encontró el ansiado sosiego, el necesario remanso para sus años finales entre el Oeste curtido y amable de Texas.

En cambio, sólo puedo afirmar que estuve junto al "Espíritu de Elvis", junto a un hombre que algunos aseguran es Elvis, un hombre al que no me he cansado de describir en estas páginas, porque las dudas no lo hacían mejor o peor. Jon Burrows es quien es. ¿Elvis? No afirmo ni niego. Ustedes habrán llegado hasta acá ya con una respuesta propia. Eso es lo que deseo. Que cada uno pueda sacar sus conclusiones. Pero que todos, los fanáticos de Elvis y los de Jon Burrows, tengan de primera mano, a través de los hechos, el modo de arribar a esa conclusión.

Ustedes deciden si él es Elvis. Para mí, sea quien sea, seguirá siendo —puesto que se ha "salvado"— el "Espíritu de Elvis".

Elvis: la tumba sin sosiego

Una noche, una de esas noches en que conversamos, ya finalizado el manuscrito, quise precisar con Jon algunas de mis inquietudes. Hablamos otra vez de mi miedo a que la gente creyese que yo había inventado toda esta historia, pero él me repitió de nuevo lo que tanto le había oido decir, que aquella era su verdad. Entonces ne decidí a preguntarle si en ralidad él pensaba que Elvis estaba vivo, si de estarlo qué vida llevaba, si lamentaba no ser más Elvis Presley, si alguna gente conocía su verdadera identidad y si este Elvis de ahora actuaba a ratos como un *impersonator*.

Sus respuestas ya no me sorprendieron, las había estado esperando desde hace mucho, pero no pude evitar oirlas como desde el fondo de un sueño, eran estremecedoras: "Sí, Elvis está vivo y vive una vida como cualquier otro ser humano; sólo unas sesenta personas conocen su verdadera identidad. No está cansado de no ser más Elvis Presley, porque Elvis Presley *murió* en 1977, pero a ratos él ha sido también un *impersonator*". Y cuando le dije si podía repetir todo esto, vaciló al principio y luego, lleno de una fuerza nueva, me dijo que sí, que lo hiciera.

> "Oh who sits weeping on my grave,
> and will not let me sleep".
>
> From "The Unquiet Grave".

    Como en un cuento de hadas, mi libro se abrió con la búsqueda de un legendario trovador que poseía un reino y el don de transformar con sus canciones a todo el que le escuchase. Un día murió y comenzaron a llamarlo "el hombre de la tumba sin sosiego". Pero "el hombre de la tumba sin sosiego" no yacía precisamente allí, pronto lo supe. Se había desvanecido en el misterio. Y la leyenda de su "reino" y de su extraordinaria voz había dado paso a otra, la del que vive escondido en algún rincón del planeta.
    Cierro mi libro con un acto de ilusionismo: creo haberlo encontrado en una ciudad soleada de Texas. El sólo afirma ser la representación de su espíritu". Pero como "el hombre de la tumba sin sosiego", su mayor tesoro es también su voz. Y al igual que en el cuento del flautista de Hamerlin, la gente le sigue cuando canta, seducidas por la imagen del que abandonó su reino. Muchos son ya los que afirman que se trata de una sola leyenda. La de "Elvis: la tumba sin sosiego". Un sólo trovador, un sólo espíritu.
    Como en los sueños, yo abrí los ojos antes de conocer el final. Aunque...

Princeton, Agosto 19, 1993